PATRICK SANSANO

JOURNAL 2016

Première partie
Janvier juillet

© 2023, Patrick Sansano
Édition : BoD – Books on Demand, info@bod.fr
Impression : BoD – Books on Demand,
In de Tarpen 42, Norderstedt (Allemagne)
Impression à la demande
ISBN : 978-2-3220-7653-6
Dépôt légal : Août 2016

1er janvier

Je me souviendrai toujours de cette phrase de Patrick Sabatier lors de la mort de Daniel Balavoine : « Il y a ceux qui comment la semaine et ne la finissent pas ». Pour moi, c'est à l'échelon d'une année, pour ce deuxième journal après ce lui de 2015, pourrai-je le finir, serai-je là ? Seul la providence et le hasard le sauront.

Si ce n'est pas cette année, il y aura bien une année dont je ne terminerai pas le journal. En attendant, il faut bien commencer l'écriture. On se jamais ce qu'une année va nous réserver, la santé étant la chose primordiale.

Je ne fais jamais la fête pour le jour de l'an, je regarde la télévision distraitement, j'écris sur mon ordinateur, je bois une coupe de Champagne. Les enfants sont là pour Noël mais s'amusent pour le réveillon du jour de l'an. Il me laisse indifférent, ce n'est pas un moment particulier.

J'ai de rares souvenirs marquant de jour de l'an : le passage à l'an 2000 avec les fameuses roues de Londres. En 1972, c'était la mort de Maurice Chevalier. Cela m'est resté en mémoire en raison d'une tante qui était présente chez moi et qui avait commenté la chose. Sinon, les premiers janvier sont pour moi des jours comme les autres. On passe à une année de plus. Rien ne m'indiffère davantage.

3 janvier

Je reçois un message sur Facebook de ma fille m'annonçant que Michel Delpech est décédé. Cela ne me fait pas un choc, je m'y attendais. Il ne devait pas voir le mois de septembre. Je suis même étonné que le malheureux ait pu tenir autant de temps.

France 2 rediffuse son « Vivement Dimanche » et le soir l'émission « Discographie », émission déjà diffusée fin 2011 présentée par le chanteur. Il n'est tombé malade que début 2013, ce qui explique qu'il parle de son futur dans ce documentaire.

Aux journaux télévisés, les passants interrogés chantent faux « Chez Laurette ». Les chaînes TV s'attendant à la nouvelle avaient préparé leurs nécrologies. A la différence de Demis Roussos, Richard Anthony et Guy Béart, il y a des hommages. Drucker en prépare déjà un pour un samedi soir. Cali et Bénabar m'ont énervé en venant parler, surtout ce dernier qui se prétend son héritier alors qu'il est déjà un has been, et surtout n'a jamais atteint la valeur de Michel Delpech.

Voilà une année qui commence bien mal, même si cela était attendu. Les réactions surprennent, on se croirait revenus dans les années 70, Delpech n'aurait pas suscité autant d'émotions s'il était mort à 30 ans. Pourtant, la plupart des gens ne connaissent pas la seconde partie de son répertoire, c'est-à-dire l'après « Loir et cher » de 1977 et il y a là un paradoxe certain.

En effet, le chanteur a continué à sortir des singles, des albums, dans l'indifférence générale, et ceci tant du public que des médias. Qui connaît « Bombay », « Rock en URSS », « J'étais un ange », « Avant que mes parents ne s'en aillent », « Pleurer le chanteur », autant de titres qui sont passés inaperçus. Ou étaient-ils ceux qui aujourd'hui pleurent au lieu de le soutenir à l'époque, d'acheter ses disques, d'aller à ses concerts. Je me souviens qu'en 1990, il en était réduit à se produire sans orchestre, avec une bande son, dans les foires. Il y a donc là de l'hypocrisie, du chagrin certain aussi, mais où l'émotion prime en défiant la raison. Michel Delpech, nous dit-on, avait retrouvé le succès avec l'album de duos, mais précisément, ces duos nous renvoyaient aux années 60-70. Les années 80-90 et 2000 sont passées à la trappe. A peine revenait-t-il de son succès de « Michel Delpech & », il sortait en 2009, sexagénaire, l'album « Sexa ». Qui connaît « Johnny à Vegas » par exemple ?

La vérité est que l'émotion a dépassé la raison à cause de la maladie du chanteur, de ses souffrances, de la bonne image qu'il a gardé dans le public (pour ses premières chansons) mais il y a dans tout cela quelque chose d'irrationnel. Comment peut-on gommer trente années de carrière d'une traite, trente ans où l'on a ignoré les nouveaux titres de Delpech, pour soudain le sacraliser et faire comme si tout s'était arrêté après « Le loir et cher » en 1977 ?

On doit en conclure que Michel Delpech avait la sympathie intergénérationnelle d'une bonne partie du public, même si ce dernier (en dehors des fidèles) ne connaissait que partiellement sa carrière.

4 janvier

La mort de Michel Galabru, qui a bien vécu, ne me paraît pas comparable à celle de Delpech, qui n'avait que 69 ans. Michel Galabru faisait encore des spectacles récemment, il est presque mort sur scène, comme Leny Escudero et Alex Métayer dont les affiches sont restées collées annonçant des spectacles qui n'auront, forcément, jamais lieu. Ces trois artistes n'étaient pas pour la retraite à 60 ans !

Michel Galabru a tellement tourné de films qu'il reniait, « alimentaires », que je doute qu'une intégrale lui soit un jour consacrée en DVD, ce qui permettrait de voir enfin l'introuvable « Le mois le plus beau » avec Muriel Baptiste. Il était troisième en ordre d'importance sur l'affiche de ce film après Georges Géret et Magali Noel, et juste avant Muriel qui figurait en quatrième. Il a bien peu de chances que sa disparition, après 285 films, soit l'occasion d'une édition en DVD ou d'une rediffusion de cette œuvre, tant d'autres s'imposent aux lèvres avant elle. Il était encore en vedette pour une seule scène de « Bienvenue chez les ch'tis » en 2008. On ne cessa de le voir depuis à la télévision et au théâtre. Il était encore récemment sur scène dans la pièce « Le cancre », mais fut très affecté par la mort de son épouse.

A Télé matin sur France 2, troisième hommage à Michel Delpech. Puis quatrième à midi aux actualités régionales sur France 3. Il semble un peu tard pour dire que tout le monde l'aimait. Lorsqu'il a sorti son ultime album « Sexa » en 2009, il n'a bénéficié d'aucune promotion à la télévision. Il aurait préféré qu'on aime ses nouvelles chansons plutôt que ces larmes qu'il n'entend pas. Charlélie Couture rappelle qu'il avait défilé avec lui lors de la marche pour l'enlèvement en 2003 de la petite Estelle M. que l'on n'a jamais retrouvée. L'unanimité autour de sa gentillesse et de sa bonté se font, aucune note discordante dans ces hommages.

5 janvier

Je me suis fait offrir à Noël le nouveau CD de Lara Fabian qui donne un concert en juin à Lyon. J'ai bien envie d'y aller. Je vois sur les réseaux sociaux comme on dit, c'est-à-dire sur Facebook qu'à certains endroits il n'y a déjà plus de place. Je ne vais donc pas tarder à me décider.

Ce soir, Lara passe chez Drucker dans l'émission « Une nuit avec les héros de la santé ». Elle est la seule invitée intéressante et chante « Ma vie dans la tienne ». J'avais aimé ses premiers tubes : « Je t'aime », « Tout », « J'y crois encore », « Immortelle », mais je la regarde d'un autre œil depuis qu'elle a posé nue dans « Gala » en avril 2013. Elle est aussi sensuelle que talentueuse comme interprète. Elle me rappelle les meilleurs moments de la variété des années 70 mis au goût du jour de l'époque, sans faire de reprises mais en créant. Elle n'est pas comme Chimène Badi, celle qui reprend « Je viens du Sud » de Michel Sardou et les chansons de Gospel, ou encore Hélène Ségara chantant en duo virtuel avec Joe Dassin. Sans parler des Lââm reprenant Michel Berger sans pouvoir ensuite se construire une carrière.

6 janvier

Je me suis rendu après mon travail à la FNAC acheter un billet pour le concert de Lara à Lyon le 4 juin. Je pense que j'ai bien été avisé de le faire. Sur Facebook, je vois que dans certaines villes il n'y a plus de place et que des internautes cherchent des billets de concert.

Il n'y a plus de place près de la scène, il faut espérer qu'il y aura un écran géant pour l'admirer. Lara se regarde autant qu'elle s'écoute. Je la dévore des yeux, même si cela n'aura jamais rien à voir avec ce que j'éprouve pour Muriel Baptiste, on l'aura deviné.

9 janvier

Ce sont les funérailles de Michel Delpech, avec une grande photo des années 70 près du cercueil. Il avait écrit « J'ai osé Dieu » et « Vivre », mais à l'agonie (selon son entourage) était pris de doute : « Comment est ce que c'est, après ? ». Je trouve que l'on médiatise trop sa disparition. Il a eu cependant le mérite d'écrire sa dévotion avant sa maladie, qui n'a donc pas été une motivation, une tentative de trouver un refuge.

10 janvier

Je ne reçois jamais personne. J'ai invité mes anciens voisins, c'est-à-dire l'ami qui m'a monté le meuble Conforama pour y mettre mon ordinateur portable. Il est venu avec sa femme dimanche après-midi. Nous avons beaucoup parlé de la santé de nos petits-enfants.

David Bowie est mort d'un cancer. J'ai failli collectionner ses disques il y a quelques années, et les ai revendus. Je ne pensais plus trop à lui. Mais avec Michel Delpech, dont j'ai les disques et que j'ai vu deux fois en concert, cela fait déjà deux disparitions de chanteurs pour 2016. C'est beaucoup pour un début d'année.

Je suivais de loin le parcours de l'anglais, mais me souviens qu'au début des années 2000, il avait dû mettre un frein à sa carrière après avoir sorti deux albums coup sur coup, « Heathen » (2002) et « Reality » (2003). Des rumeurs de maladie avaient circulé à l'époque. De Bowie, je n'ai aimé que l'album 2007 « Never let me down », avec le tube « Bang bang » et qui donna la tournée impressionnante, « Glass Spider Tour ». Le reste du temps, il m'a laissé indifférent. Je ne me suis jamais plongé dans son univers. Ni son époque « Ziggy Stardust », ni celle plus commerciale de 1983 avec « Let's dance » ne m'ont charmé.

11 janvier

Belle émission ce soir sur France 3, « François Mitterrand, albums de famille » d'Hugues Nancy et Fabien Baziat avec les témoignages de ses trois enfants. On feuillette cela comme un bel album de souvenirs qui se referme trop tôt. Mitterrand, quoi que l'on pense de lui, était un personnage d'une autre envergure que Nicolas Sarkozy et François Hollande.

12 janvier

J'ai rêvé cette nuit (dans la nuit du 11 au 12) à ma dernière compagne en date, Isabelle T. Je n'avais pas de regrets au réveil, on ne s'entendait pas. J'en ai mis du temps à mettre un terme à cette histoire construite sur une erreur en 2009, achevée deux trop longues années plus tard.

Cette compagne qui lorsque j'allais la voir à Paris me suivait sur le quai et se mettait à courir après le train, peut-être était-elle sincère dans ces moments-là ? Elle l'était aussi lorsqu'elle ne me supportait pas trois semaines d'affilée en vacances l'été. Et quel mépris de la province. Il n'y en avait que pour Paris, dont elle disait ne pouvoir s'éloigner plus de cinq jours.

Je suis allé aux soldes, une corvée pour moi qui n'ai jamais aimé m'habiller : un jean, un polo et une parka.

Demain, je me rends dans ma petite famille à Viviers.

Montélimar, 13 janvier

Agréable et paisible journée avec ma famille. Lucas et moi allons au cinéma voir « Oups, j'ai raté l'arche », un beau film d'animation. C'est devenu une tradition désormais, j'espère que cela durera longtemps, et que le moment venu, mon second petit fils prendra la relève. Ma fille est bien entendu très préoccupée par l'intolérance au gluten de Lohan, qui fait l'objet d'examens médicaux.

Valence, 14 janvier

La mort du mari de Céline Dion, René Angelil, semble être une catastrophe nationale au Québec. Cela me dépasse. C'était un imprésario, certes très médiatisé, mais où va-t-on, si à la moindre disparition de quelqu'un de connu, toute l'actualité est captée à ce point par le non évènement ?

Je comprends la peine de sa veuve, encore qu'elle ait à mon avis trop mise en scène sa vie privée avec cette ridicule cérémonie de « re-mariage » le 5 janvier 2000, d'inspiration orientale, à Las Vegas, du plus parfait mauvais goût.

Angélil avait un cancer depuis 1999 qui lui aura laissé plus de répit qu'à ce malheureux Delpech bien plus vite emporté.

15 janvier

Je continue avec le broyeur à papier à faire du vide dans mon appartement. On s'enlise sous les publicités, les relevés de compte bancaire et des tas de choses inutiles au fil des ans. Quel intérêt de garder les relevés d'une banque que l'on a quittée ? Un tableau d'amortissement d'un crédit soldé, qui a fait l'objet de lettres de mise à jour mensuelle ?

Un ami me confirme qu'il a pris son billet et viendra avec moi au concert de Lara Fabian. Il fait bien de ne pas attendre à mon avis, nous irons chacun en train et dormirons à l'hôtel.

17 janvier

Coup de téléphone désagréable d'un cousin avec lequel nous sommes fâchés et qui prétend venir nous souhaiter les vœux. Ma mère a raccroché. Quand on m'a attaqué comme il l'a fait, on ne revient pas ensuite faire comme si de rien n'était. Je ne veux plus entendre parler de lui. Jamais. La vie est trop courte pour perdre du temps avec des imbéciles.

Le plus surprenant est que ce litige remonte à mai 2014, que l'on s'est tout dit, et qu'aucune réconciliation n'est possible. La porte est fermée, définitivement. Il y a des gens à qui il ne faut pas pardonner l'impardonnable, qui vous ont poignardé au sens figuré, dont on découvre qu'avant même la dispute ils médisaient de vous. La famille on la subit, les amis on les choisit. Cette famille là, je la laisse à qui voudra, elle ne vaut pas grand-chose.

21 janvier

Soirée intéressante sur la 2 dans « Des paroles et des actes » de David Pujadas, avec Alain Finkielkraut et Daniel Cohn-Bendit. Finkielkraut s'accroche avec une invitée, une enseignante professeur d'anglais, Wiam Berhouma, venue le dénigrer. Visiblement, l'homme est tombé dans un piège. Cohn-Bendit est moins intéressant. J'ai connu Finkielkraut quand il a pris la défense de l'écrivain Renaud Camus. Je trouve qu'il dit des vérités dérangeantes, et a du courage pour cela.

23 janvier

Nouvelle soirée dédiée à Michel Delpech : « Le grand show, hommage à Michel Delpech », présenté par Michel

Drucker, avec en invités son épouse Geneviève, Marc Lavoine et Alain Souchon. Je ne sais pas si c'est une faute de goût, mais la veuve de Delpech est venue très fardée, rouge à lèvres clinquant, mal venu en cette soirée d'hommage.

Une bonne partie de son répertoire est revisitée à l'exception de la dernière partie de sa carrière, les années 90 essentiellement.

C'est très bien, mais pourquoi tant d'autres n'ont eu droit à aucun hommage, je pense à Pierre Bachelet, C Jérome, Guy Béart, Richard Anthony, Demis Roussos. Si je me souviens bien, Bécaud n'avait eu droit qu'à un court hommage sur France 3.

On en fait presque trop, cette-fois.

Auparavant, grande surprise en fin d'après midi : un coup de téléphone de René T. dont je n'ai plus de nouvelles depuis des années. Un ami syndicaliste connu en 1990, que j'ai beaucoup fréquenté. Il y a tellement longtemps que je n'ai pas de nouvelles que je serai bien incapable de dire la dernière fois où je l'ai vu ou parlé avec lui.

Nous nous promettons de nous revoir bientôt. Il est à la retraite. Mais fait partie des retraités militants.

25 janvier

Bel hommage sur la 3, « Dalida, la femme qui rêvait d'une autre scène », émission de Gérard Miller et Anaïs Feuillette, qui constitue un portrait plein de nostalgie. Je n'aimais que quelques chansons d'elle, et sans être fan, je l'appréciais comme une interprète incontournable de la variété française.

J'ai à nouveau des problèmes de sommeil, plus exactement d'endormissement. Je pense que c'est consécutif à mes ennuis en tant que délégué syndical dont je ne veux pas encombrer ce journal.

J'apprends que Renaud va sortir de façon imminente un nouvel album. A-t-il encore la voix nécessaire pour le faire ? S'il est bien quelqu'un que je n'ai jamais aimé, c'est lui, sans lui vouloir du mal. Pour moi, il a toujours été surestimé.

27 janvier

Invitation sympathique après le travail d'un collègue de bureau au « V and B » de Bourg-Lès-Valence pour son anniversaire. Je ferai sans doute de même en septembre pour le mien.

J'ai bien dormi cette nuit, le sommeil ne nous est pas donné, et on ne sait pas l'apprécier à sa juste valeur quand on en bénéficie.

4 février

Nicolas Sarkozy en train de « ramer » chez David Pujadas dans l'émission « Des paroles et des actes ». C'est consécutif à la sortie de son livre « La France pour la vie ». Ce n'était pas prévu dans le programme, Télé Câble Sat annonçait « Envoyé Spécial ». Je trouve l'ancien président pathétique, il ne me semble pas avoir de chances de revenir à la plus haute fonction.

9 février

66ᵉ festival de San Remo. Cette année, un seul artiste m'intéresse, et encore modérément, Enrico Ruggeri. Les autres comme Patty Pravo me laissent indifférent, Patty devant être la seule que je connaisse d'ailleurs. La plupart des concurrents appartiennent à la nouvelle génération.

Après avoir écouté la chanson de Ruggeri, « Il primo amore non si scorda mai », j'avoue ne pas être emballé. Nous sommes très loin de mon enthousiasme pour Nek l'an dernier. Elton John est venu en invité lors de ce premier soir.

Il faut que mes lecteurs s'attendent chaque année à une chronique du festival de la chanson italienne que je suis fidèlement depuis 1984, d'abord à la radio, avec une réception difficile, puis à la télévision. Ce festival qui a servi de modèle au Concours Eurovision de la Chanson, a débuté en 1951. Il a vu le triomphe de Domenico

Modugno en 1958 avec le tube mondial « Volare » dont le titre exact est « Nel blu dipinto di blu ». En 1973, il a failli disparaître, n'étant plus retransmis par la télévision.

Il est revenu en force dans les années 80, fournissant des tubes mondiaux (« Felicità » de Romina Power et Al Bano, « Storie di tutti i giorni » de Riccardo Fogli, « Un'amore grande » de Pupo, « L'italiano » de Toto Cutugno », « Una storia Importante » d'Eros Ramazzotti, « Si puo dare di più » du trio Gianni Morandi-Umberto Tozzi-Enrico Ruggeri, sans oublier Ricchi e Poveri « Sarà perché ti amo » et « Se m'innamoro », Luis Miguel « Noi ragazzi di oggi », Gigliola Cinquetti « Chiamalo amore », Peppino di Capri « E mo, e mo », Alice et « Per Elisa ».

San Remo, selon une légende que m'ont compté des amis italiens, porte bonheur ou malheur. Nada, qui se produisit en 1987, avec le très beau titre « Bolero », disparut pendant des années du monde de la chanson italienne. Plus grave, Alberto Camerini, jeune chanteur qui avait beaucoup de succès, voit sa carrière complètement s'effondrer en 1984 en présentant « La bottega del caffè », alors qu'il était parti pour un succès durable. Depuis, au fil des ans, cette superstition a tendance à s'effacer.

10 février

Eros Ramazzotti est là hors concours pour la deuxième soirée du festival de San Remo comme la veille Elton John, un festival bien fade cette année. Malin, après sa victoire en 1986, Eros ne s'est plus jamais hasardé dans la compétition. Il vend beaucoup de disques, fait des tournées mondiales, chante avec Tina Turner, Anastacia, Cher. Il n'a pas envie d'une défaite au festival.

13 février

Après Eros, un autre de mes chanteurs préférés vient en invité, Renato Zero. Né en 1950, je trouve qu'il a énormément grossi et pris un coup de vieux. Il chante un medley de ses tubes et annonce un nouvel album pour avril. Je ne manquerai pas de l'acheter, comme à chaque sortie d'album de sa part. Il fait partie de mes italiens préférés.

Le festival se termine avec la victoire du groupe « Stadio » qui pour moi n'a aucun intérêt, Ruggeri se plaçant quatrième, ce qui n'est pas une injustice, sa chanson est passable.

16 février

La météo est mauvaise à Valence, 3 degrés avec un mistral glacé.

25 février

La série « X Files » revient sur M6 pour une dixième saison. La série s'est arrêtée en 2002, mais un long-métrage nous a permis de retrouver nos héros au cinéma en 2008, « X Files : Régénération ». Gillian Anderson a beaucoup vieilli. Sa carrière après « X Files » n'a pas été à la hauteur des attentes de ses fans, notamment avec la série « The fall », ou des films comme « Le dernier roi d'Ecosse ». On ne retrouve plus le charme des années 90, de toute façon, seuls six épisodes ont été tournés, M6 les programme deux par deux ce qui représente trois vendredis seulement. Cela ne va nous laisser le temps d'apprécier ce come-back. Pourquoi deux épisodes par jeudi ? Pour s'en débarrasser plus vite ?

Duchovny lui m'a toujours laissé indifférent, son film « Evolution » était débile, et je n'ai jamais été attiré par sa série « Californication ».

27 février

Je me suis laissé avoir par un programme de France 2, « La fête de la chanson française ». Seul Patrick Bruel trouve grâce à mes yeux dans la liste des invités. Une émission ennuyeuse au possible. C'est l'occasion de mettre sur le marché un coffret 5 CD chaque année, recyclant des vieux airs pas forcément en rapport avec l'émission.

1er mars

J'écris mon troisième livre sur Muriel Baptiste, que j'ai appelé « La conversation impossible ». Les choses n'avancent pas à l'allure que je voudrais, pour l'instant j'en suis à 42 pages format de police 10, ce qui équivaut à 88 pages, insuffisant pour une publication.

En me rendant pour le travail à Privas, j'ai vu les décors arides qui n'ont pas changé depuis des décennies. Bien que nous soyons en Ardèche, on se croirait en Auvergne en 1966 et il semble qu'au détour d'un paysage va apparaître Annunciata.

Je prends un réel plaisir à écrire ce livre. J'ai l'impression de le co-rédiger avec Muriel se penchant au dessus de mon épaule et me soufflant : « Non, cela, je ne veux pas que tu en parles ». C'est comme un livre à quatre mains. Je ne ressens pas la contrainte de bien faire qui était la mienne lors de la rédaction de la biographie « La vie, quelle gifle ! ».

Je trouve d'ailleurs que ce livre est mieux que les deux précédentes biographies. Ce dialogue imaginaire, pas tant que cela puisque tout ce qui est relaté a existé et provient de confidences de Muriel (pas à moi hélas !) m'emporte sur un nuage de bonheur et de fantaisie. C'est au fil des pages que se construit l'histoire. Les allusions aux consœurs actrices de Muriel « meublent » un peu l'ensemble, mais il y a aussi des moments de réelle émotion.

Vénissieux, 2 mars

Je suis à Bourse du Travail à Vénissieux à la CGT, René T. qui devait être présent est malade. Je me faisais une joie de le revoir.

A mon retour à Valence, je l'ai appelé : il a une grippe et une bronchite dont il a du mal à se remettre.

Valence, 3 mars

La CGT a pris une raclée aux élections du comité d'entreprise et des délégués du personnel. Nous ne sommes plus beaucoup nombreux. La CFDT triomphe. Les urnes ont parlé.

Je n'atteins pas les 100 pages pour mon livre sur Muriel, j'ai peu progressé, j'en suis à 92.

4 mars

Je me suis remis à mon livre, je corrige les fautes, reprend des tournures de phrases maladroites, je suis trop impatient. Je pense pouvoir faire un livre intéressant et long mais il faut du temps. Ce soir, d'ailleurs, j'ai eu l'inspiration, j'ai fait plusieurs pages, et mon livre dépasse désormais les 100 pages, ce qui est encore insuffisant.

C'est un peu le problème quand on écrit, on a envie de vite voir le résultat fini. Or il faut s'armer de patience pour écrire quelque chose de bien.

Je vais aller voir mon petit fils Lucas mercredi et l'emmener voir un nouveau film. Mon autre petit-fils n'est pas en bonne santé : il a une œsophagite. Il va devoir consulter un spécialiste.

7 mars

J'ai passé la journée à corriger mon livre, à le triturer et à le remanier, il fait désormais 137 pages. J'en suis assez satisfait. Je corrige les fautes, je ne ressens pas la pesanteur de « La vie, quelle gifle ». C'est plus léger. Plus insouciant. Mon écriture ne me paraît jamais pesante, et le livre a la particularité d'être un long dialogue. Cela me fait parfois penser à une pièce de théâtre à deux personnages, avec ses moments d'émotion. C'est un manque de modestie d'être auto satisfait, je n'en suis pas à ce point, mais je ne cache pas ma joie d'écrire sans me prendre la tête. C'est aussi le cas de ce journal, mais il est plus facile à rédiger.

8 mars

Décès du compositeur de la première musique de film que j'ai achetée en 1974 : « Vivre et laisser mourir », George Martin. Il fut le producteur des Beatles. Lorsque j'ai acheté ce 33t, j'ignorais que la saga James Bond était l'œuvre (habituellement) de John Barry. On peut dire que j'ai écouté fort longtemps « Live and let die », dont la chanson du générique est interprétée par Paul Mc Cartney (et son groupe de l'époque, les « Wings »). Le premier Bond fut un cas particulier, composé par Monty Norman, et peu représentatif de la série à part le fameux James Bond theme dont la paternité est incertaine entre l'obscur Norman et le grandiose John Barry. George Martin sera le premier à succéder, le temps d'un épisode, à Barry. Puis ce dernier prenant de l'âge, d'autres compositeurs se colleront à la tâche, Marvin Hamlisch (1977), Bill Conti le compositeur de « Rocky » en 1981, Michel Legrand par la force des choses dans le Bond non officiel « Jamais plus jamais », le regretté Michael Kamen en 1989 pour « Permis de tuer ».

Barry signe son dernier Bond en 1987 avec « Tuer n'est pas jouer », manque revenir en 1997 pour « Demain ne meurt jamais » mais la chose ne se fait pas car on lui refuse la composition de la chanson du générique. Après le désastreux Eric Serra pour « Goldeneye » en 1995, David Arnold pendant des années prendra le relais, cédant sa place en 2012 à Thomas Newman, au grand désespoir des amateurs, sa musique étant plutôt monotone. Mais les films qu'il illustre sont de même.

Adieu Monsieur Martin, vous m'avez fait rêver avec la bande sonore de « Live and let die ».

9 mars

Agréable journée avec ma fille et mes petits-enfants. Avec Lucas, nous avons vu « Alvin et les Chipmunks : A fond la caisse », film mélangeant prises de vue réelles et images de synthèse.

Lohan n'est pas en forme : il doit consulter un spécialiste, un gastropédiatre, à Montpellier.

En rentrant, sur Paris Première, j'ai regardé l'émission « Zemmour et Naulleau ».

Demain sort déjà en DVD le dernier James Bond, « Spectre ».

10 mars

J'ai acheté le DVD du dernier Bond et ne change pas d'avis : il est nul.

12 mars

J'ai regardé les variétés de la 2, consacrées à une imitatrice canadienne, « DiCaire Show », uniquement pour ne pas rater le passage de Lara Fabian.

14 mars

Mes problèmes d'insomnie me reprennent, nous sommes lundi, je n'ai pas dormi la nuit de dimanche à lundi et mon médecin ne travaille pas lundi. Je prends un jour de congé.

15 mars

Heureusement qu'il existe des médecins, il trouve un remède à mon problème de sommeil. Je ne lui en demande pas plus.

16 mars

Ma fille a rendez-vous avec un gastropédiatre à Montpellier à 18h00. Elle n'a pas pu obtenir de rendez vous plus tôt. Il faut s'armer de patience, il ne fait pas d'examens lors d'une première consultation.

18 mars

Annonce d'un live de Vasco Rossi par le biais d'un mail publicitaire d'Universal Music Italia. Je vais le commander aussitôt.

Il y a apparemment, pour le prix modique de 31.99 euros deux CD et deux DVD live ainsi qu'un Blu Ray qui ne me servira rien pour le moment, puisque je ne suis pas équipé d'un lecteur.

Que Vasco n'ait pas percé en France, alors que Jean-Jacques Goldman disait en 1991 qu'il était son « équivalent italien » relève du mystère. Il a fait une compilation française de ses succès en 1991 chez EMI qui n'a pas marché. Comme tant d'autres, il n'a pas insisté. Son retour, couplé avec celui de Renato Zero pour un album d'inédits en avril me comble de joie. Le coffret s'intitule « Tutto in una notte ». J'ai hâte de le recevoir, j'ai déjà tous ses albums studio en CD.

19 mars

Mon sommeil s'est parfaitement rétabli. Tout va bien. Je ne plaisante pas avec cela, en mars 2009, je suis resté 13 jours sans dormir, aucun somnifère ne parvenait à m'envoyer dans les bras de Morphée, aucun anxiolytique ne me calmait. Pour rien au monde, je ne voudrais revivre cc cauchemar. Quand on ne peut dormir, on devient vite fou, quand aucun médicament ne s'avère efficace, on se désespère vite. La médecine a ses limites, et craindre de se réveiller (ou de ne pas s'endormir) devient plus fort que la drogue. Ces insomnies étaient sans fin, et je voyais le moment où mon médecin ayant tout essayé ne savait plus à quel saint se vouer.

Quand la science vous abandonne, ou fait mine de le faire, votre être tout entier se sent menacé. A Guantanamo, on rendait fou les prisonniers en les privant de sommeil. Je n'avais rien à avouer. L'angoisse avait pris le dessus.

20 mars

Je n'ai fait que des cauchemars cette nuit, avec notamment ce cousin importun. Que n'ai-je rêvé de ma chère Muriel ?

C'est le printemps et il fait un temps de Toussaint.

21 mars

Retour des problèmes de sommeil qui je crois sont plus dans ma tête qu'ailleurs. Nuit blanche malgré le traitement du médecin. Je me rassure, cela ne va pas durer. Il faut que je fasse le vide dans ma tête. Et puis tout le monde a eu des insomnies et cela n'a jamais tué personne.

22 mars

Des attentats de l'Etat Islamique ont eu lieu à Bruxelles. Ne peut-on écraser comme des punaises ces terroristes ? Dans quel monde vivons-nous ? Mes problèmes personnels me semblent dérisoires face à cette calamité. Valls et les autres avaient prédit que le 13 novembre 2015 ne serait qu'une étape. Combien de sang encore sera-t-il versé ?

Le monde que je laisse à ma fille et à mes petits enfants n'est pas beau à voir.

26 mars

« Les années bonheur » de Sébastien ont au programme Lara Fabian, raison suffisante pour que je regarde, même s'il me faut supporter Gérard Lenorman. Ce sera souvent le cas désormais, sa simple participation à une émission assurant ma présence devant le petit écran, pour des programmes qui parfois ne le méritent pas.

27 mars

J'arrive à trouver le sommeil en toute quiétude à nouveau. Je me suis affolé pour rien, comme d'habitude.

Ma demi-sœur, que je n'ai pratiquement pas connue, vient de mourir. Elle était née en 1931 et j'ai dû la voir deux fois en tout dans ma vie. Cela doit remonter à 1986, deux fois de suite, et jamais ensuite. Quand les liens familiaux sont si distants, que l'on s'ignore au point de ne plus se souhaiter les vœux, on devient de parfaits étrangers. Et l'on n'a pas de chagrin pour la mort d'un étranger. De la tristesse vague, et l'on passe à autre chose. J'ai présenté mes condoléances, eu son fils au téléphone assez gentil et courtois, que je ne recontacterai sans doute jamais.

Sa mère qui vient de mourir n'avait pas voulu (après une invitation de courtoisie) que je vienne au mariage du fils. C'était à l'autre bout de la France, je m'étais acheté exprès un costume, et j'ai reçu un mot annulant l'invitation. Je faisais honte, je n'étais pas de son rang social, alors c'est triste, mais pour je passe à autre chose. Il est trop tard pour se connaître ou se réconcilier maintenant.

Alain Decaux est mort, il était, avec André Castelot, celui qui avait le plus popularisé l'histoire en France par la télévision et la littérature.

29 mars

Mort de Jean-Pierre Coffe. Beaucoup découvrent à cette occasion son homosexualité qu'il n'avait jamais cachée. L'homme était parfois exagéré et outrancier dans ses colères, mais compensait par une sympathique bonhommie.

Il y a de plus en plus de personnalités connues avec la multiplication des médias, donc de disparitions par la logique des choses.

Certains sont vite oubliés. Le cas de Pascal Sevran, mort sans avoir pu se laver de la controverse de « la bite des noirs » est flagrant. Qui pense encore à lui ? Je relis ses journaux qui couvrent la période 1999 à 2007, le dernier sorti à titre posthume et abrégé par rapport aux autres en raison de la maladie qu'il s'est refusé de raconter.

Pourtant, ses livres sont agréables à relire aujourd'hui, avec un petit parfum suranné. Les années 2000 ne sont pourtant pas si loin de nous. On retrouve au détour de son journal intime des évènements que tout le monde connaît : l'attentat contre un restaurant Mc Donald où une personne est tuée, les attentats du 11 septembre 2001, le début de l'affaire d'Outreau.

Il évoque aussi la mort de Charles Trénet, le Paris de Bertrand Delanoë, son arrivée à la mairie de la capitale. Il nous parle même de choses que l'on a déjà oubliées comme les boys band.

2 avril

Il est temps de réserver un hôtel à Lyon pour le 4 juin pour le concert de Lara Fabian. L'interlocutrice au téléphone note ma réservation, mais me déconseille de payer d'avance, car en cas d'annulation je ne serai pas remboursé. Ce système n'est pas rassurant, je n'ai qu'un mail de confirmation. J'espère bénéficier d'un bon matelas et d'un bon oreiller, à l'inverse de mon dernier séjour à l'hôtel, un Ibis à Paris en juillet 2015.

4 avril

J'ai écrit des journaux 1972 et 1973, mais à partir de souvenirs et de programmes télévisés. Je suis déçu par le résultat, évidemment bien trop maigre. Voilà des écrits dont je ne suis pas fier, ils me serviront de repères le jour où ma mémoire flanchera et où tous les sites Internet sur Muriel auront disparu. Je n'ai même pas osé me relire.

Montélimar, 6 avril

J'ai vu avec Lucas « Zootopie », nouveau film d'animation des studios Disney, dont la musique est signée d'un de mes compositeurs préférés, Michael Giacchino. Je l'ai découvert au générique.

Après une bonne journée, je suis reparti vers 20h30. Avec l'autoroute, je suis vite de retour chez moi. La famille, ma descendance, me ressource et me fait voir la vie en rose.

Valence, 14 avril

J'ai regardé « Dialogues citoyens » du Président François Hollande. Il n'a pas été loquace et surtout n'a pas fait s'affoler l'audimat, peu de téléspectateurs ont suivi l'émission. Il est pathétique, ce Président qui s'accroche au pouvoir, et pour lequel j'ai voté. Il n'a cessé de me décevoir comme tant de français. Je me souviens que l'on n'avait pas souhaité le premier anniversaire de son arrivée au pouvoir.

Cornas (Ardèche), 15 avril

Pot de départ en retraite d'un collègue de travail, Michel B. Je suis rentré à 23h45 et je n'étais pas le premier à partir. En trente ans de carrière, j'aurais vu changer les mentalités et la durée des soirées où l'on s'amuse.

L'individualisme triomphe partout, de plus en plus. La soirée n'a pas été à la hauteur des attentes. Beaucoup d'invités partis tôt, du gaspillage de nourriture, une ambiance qui ne s'installe jamais vraiment. Michel B. a certainement été déçu et il ne méritait pas. Je crois que je n'organiserai pas de « pot de départ » si j'arrive à la retraite.

Valence, 16 avril

Visite de Claire et de son compagnon, sans Lucas qui est en vacances scolaires chez son père. Lohan est malade, toujours l'allergie alimentaire au lait de vache et au gluten. Ils sont venus à Valence consulter un spécialiste. Arrivés à 12h00, ils sont repartis à 14h30.

Il faut je me fasse à l'idée que ma fille vit sa vie et que je ne la verrai que de temps en temps, pour des moments toujours trop brefs.

17 avril

Tous mes dimanches se ressemblent : La messe, regardée en diagonale, tout en restant à l'ordinateur. Puis l'invité politique de France 3 à midi dans le « 12-13 ». Le journal sur la 2 par Delahousse, Dave à 16h10 avec son émission « Du côté de chez Dave » où chaque fois il reçoit des invités de moins en moins intéressants. Le soir, soirée Muriel, avec mes DVD. J'ai regardé les épisodes 6 à 11 du « Premier juré ».

Il y a une quinzaine d'années, c'était pareil : Pascal Sevran dans « Chanter la vie », « J'ai rendez-vous avec vous » avec Rachid Arhab, émission trop courte, intéressante mais où il courait sans cesse ne laissant pas ses invités s'exprimer, éventuellement, selon l'invité Michel Drucker et son « Vivement Dimanche ». Une routine qui remplace une autre routine. Au film du dimanche soir, je préférais la série policière de France 3.

21 avril

J'ai appris deux décès d'artistes aujourd'hui : Prince, dont je ne connais aucune chanson, je sais simplement que c'était à une époque le rival de Michael Jackson. L'autre est Guy Hamilton, réalisateur de James Bond avec Sean Connery puis Roger Moore (mes épisodes préférés), à 93 ans.

Prince pour moi est le symbole de la mondialisation. Je sais qu'il s'est parfois fait appeler « Love Symbol », mais s'il n'était pas né aux Etats-Unis, aurait-il fait une telle carrière ? Poser la question, c'est donner la réponse.

26 avril

Mon ordinateur a migré de force de Windows 8-1 à Windows 10. Je fais une désinstallation manuelle et une restauration, mais cela me prend un temps fou, d'autant plus que je suis en train de corriger le Journal 2015. Que de temps perdu et où est la liberté individuelle ?

J'ai l'impression que Windows fait ce qu'il veut quand il veut à notre détriment, utilisant son monopole, Linux n'étant pas un adversaire à la hauteur. Il existe déjà une iniquité entre Macintosh (sur lequel Renaud Camus écrit ses journaux) et Windows. Il n'empêche qu'un ordinateur est là pour servir et non nous contrarier comme c'est le cas ce soir. Ce n'est qu'un outil. Pascal Sevran s'en passait, il écrivait ses journaux au stylo.

28 avril

Grève et manifestation de la CGT et FO contre la loi travail. J'ai beaucoup marché et c'est une expérience à renouveler. Cela ne m'a pas du tout fatigué. Mon corps doit en avoir besoin.

J'ai grand tort de ne pas faire d'exercice physique, et je le paierai tôt ou tard. Il faudrait que je marche, que je me crée des occasions pour cela. Sans tomber dans la randonnée, je pourrais marcher en forêt. Mais je n'ai pas le goût du promeneur solitaire. Il faudra sans doute recourir à quelque site internet comme « On va sortir » pour trouver des partenaires marcheurs. J'ai ce recours.

Il arrivera un jour où l'écriture du seul journal me laissera la liberté nécessaire, le temps libre, que les chroniques Avengers ne me permettent pas, pour le moment, d'avoir.

1er mai

Je n'ai pas eu le courage d'aller défiler avec la CGT comme chaque année, je viens de le faire le 28 avril. J'ai envie de faire la grasse matinée, et cela devient une obligation. Ces premiers mai qui ne sont pas unitaires sont contreproductifs. Ils approfondissent les divisions. Il y a deux ans, sous une pluie battante, j'ai laissé une paire de chaussures en défilant ce jour-là.

2 mai

Hubert Mounier, le leader de l'affaire Louis Trio, est mort d'une crise cardiaque. Après le succès de son groupe, il avait tenté une carrière solo et s'était également consacré à la bande dessinée.

C'est un artiste lyonnais, la télévision régionale multiplie les hommages, ce qui est un peu disproportionné par rapport à d'autres artistes disparus. Benjamin Biolay était son ami et lui rend un vibrant hommage. Sur Facebook, je vois que l'on compare L'affaire Louis Trio à Lili Drop, Les Rita Mitsouko, Niagara, Taxi Girl. Il ne faut pas faire de Mounier plus qu'il n'était : un honnête artisan, mais pas un génie. Dans le passé, j'ai pu lire des absurdités, comme Pierre Vassiliu grand chanteur pop. Il ne faut pas au risque de se rendre ridicule voire de porter ombrage à ceux que l'on veut défendre dresser des portraits erronés, utiliser des qualificatifs outranciers. L'hagiographie est déjà en soi une mauvaise chose, mais l'exagération finit par décrédibiliser les artistes adulés.

Non, Mounier n'était pas un génie. Sa mort est triste comme celle de millions de gens fauchés encore jeunes, mais sans plus.

3 mai

Je regarde Louis Jourdan non pas avec Muriel dans « Les sultans » mais dans « Columbo : Meurtre parfait », et me rends compte que ce comédien surjouait en permanence, je l'ai vu aussi en faire des tonnes face à Roger Moore dans le James Bond : « Octopussy ». Etait-il un bon acteur, ce français exilé à Hollywood ? Il m'est permis d'en douter. Je trouve sa prestation en chef cuisinier dans « Columbo » exécrable.

4 mai

« Zemmour et Naulleau » déjà en vacances. L'émission n'a lieu que d'octobre à mai. Celle de ce soir n'est guère passionnante : les coulisses des primaires américaines, Thomas Thévenoud et sa risible et indécente phobie administrative. L'émission n'a rien de sulfureux comme on pourrait l'attendre avec la présence chaque semaine du polémiste Eric Zemmour.

5 mai

Je regarde l'excellent épisode de « Columbo : Jeu de mots », pourtant vu plusieurs fois, notamment sur TV Breizh. Je préfère cela à « Envoyé Spécial ».

C'est l'ascension et il n'y a pas de messe papale, ni sur France 2, ni sur RAI UNO. Mais que fait donc le pape François ? Ce n'est pas la première fois qu'il déserte une grande occasion, que l'on ne sait pas où il est, je préférais nettement Benoît XVI. Ce François n'effectue pas son travail, il se prend pour un homme politique, nous fait la leçon en se voulant le porte-drapeau des pauvres mais en m'en faisant douter à force de le dire. Eh puis, a-t-on vu un pape ne pas célébrer le 15 août, l'ascension ? Il est toujours par monts et par vaux. Je n'aime pas François.

6 mai

J'ai envoyé aujourd'hui à mon éditeur le bon à tirer de « Muriel Baptiste, la conversation impossible », et proposé le « Journal 2015 ».

La journée a été chargée car je dois terminer pour le site internet « Le monde des Avengers » des chroniques de séries dont on m'a envoyé gratuitement les DVD. Il s'agit d'un partenariat entre le site et la société d'édition Eléphant Films. Je termine la saison 5 (l'ultime) des « Routes du Paradis » avec Michael Landon. Il me restera ensuite la troisième et dernière saison de la série « Opération vol » avec Robert Wagner. Je crains bien de m'être engagé dans trop de travaux pour ce site.

« L'homme de fer » comporte huit saisons et j'en ai fait six, la septième est déjà dans mon bureau. C'est chaque fois 26 épisodes voire plus. Il y a aussi « 200 dollars plus les frais » en cours (saisons 4 à 6), « Le Virginien » qui s'il est édité jusqu'au bout représente neuf saisons et 249 épisodes qui sont en fait presque des films (75 minutes), « Alias Smith and Jones » (autre série western en trois saisons), et enfin une série en cours, « NCIS Nouvelle Orléans » avec Scott Bakula, dont les épisodes de la saison 2 sont en cours de tournage, toutes choses qui risquent de me prendre du temps sur ce journal. C'est « Le Virginien » qui risque être le plus embêtant, chaque saison est découpée en trente épisodes, de vrais films je l'ai souligné, répartis en trois coffrets, j'ai le 3e coffret de la saison 2 à chroniquer, et le premier de la saison 3 ne va pas tarder à m'être expédié.

J'ai pris beaucoup de retard par rapport aux sorties de coffrets DVD que je reçois, ayant accepté trop de chroniques. Cela me servira de leçon à l'avenir.

Le soir, comme il n'y a rien d'intéressant à la télévision, je regarde un DVD de la série « Columbo », issu de l'intégrale offert par ma fille : « Des sourires et des armes ». Je visionne les épisodes dans l'ordre. Heureusement, je n'aurai pas à les chroniquer pour le site « Le monde des Avengers » puisque cela a déjà été fait par un autre.

Il a fait chaud aujourd'hui, je l'ai constaté en sortant faire des courses en voiture. Il faut que je m'aère, que je sorte, que je marche, ce journal avec des pauses ne s'en portera que mieux.

J'ai écouté plusieurs CD de James Horner aujourd'hui, sa musique me fait un bien fou. Le facteur est venu m'apporter « Cocoon, the return », une de ses rééditions qui vient de sortir.

C'est un jour de congé, et j'ai plus travaillé que si j'avais été au bureau. Ce soir, je reprends la lecture du troisième journal de Pascal Sevran, « On dirait qu'il va neiger ».

Tout cela ne m'a pas empêché de penser beaucoup à Muriel, n'est-ce-pas là l'essentiel ?

7 mai

Journée consacrée à mes chroniques pour « Le monde des Avengers » : j'en ai enfin terminé avec « Les routes du Paradis », ce qui n'a pas été une mince affaire. J'ai attaqué la dernière saison d'« Opération vol », mes épisodes préférés « Le scorpion » et « De la part d'Alexandre ».

Il ne me reste pas beaucoup de temps pour ce journal. Le soir, je regarde « Les années bonheur ». Je relis en ce moment les journaux de Pascal Sevran et j'ai attaqué le quatrième « Lentement, place de l'église ». Il n'en a pas fait beaucoup, emporté par un cancer en 2008.

Je n'aurais jamais dû me lancer dans « Les routes du Paradis », ce fut une chronique interminable, six épisodes de la saison 5, du huitième au treizième, cela m'a vraiment pesé.

Je veux réserver à l'avenir mes écrits pour ce journal. « Le monde des Avengers » dispose de nouveaux chroniqueurs, ils se passeront très bien de moi. C'est à l'origine un site sur la série « Chapeau melon et bottes de cuir », je ne suis pas sûr d'y être autant lu que cela.

Pour dire la vérité, si on ne m'avait pas offert les DVD, s'ils m'avaient appartenu, je me serais désisté, là je me sens redevable et j'ai horreur de cela.

Mon tort aura été de croire que ces éditions n'auraient jamais atteint la taille d'intégrale par mévente, je pense notamment à « 200 dollars plus les frais » qui est une série loin de me passionner. « Baretta » que je n'ai pas chroniqué s'est arrêté à la saison 1. Je pensais qu'il en aurait été de même pour « Le Virginien » et « 200 dollars plus les frais ».

Heureusement, reste la semaine où je n'ai pas le temps de faire des séries, et où je me consacre entièrement à mon journal et à Muriel.

Il faisait beau dehors, j'aurais dû sortir, lorsque je n'aurais que le journal à faire, je ne m'en priverai pas.

Je n'ai pas de chance, Zucchero fait carrière en France, il passe en ce moment chez Sébastien, tandis que Nek, Emma Marrone, Renato Zero, Vasco Rossi et tant d'autres ne me font pas ce plaisir. Il a « la carte » comme Laura Pausini et heureusement un que j'aime, Eros Ramazzotti.

Les autres ont renoncé au marché français. Biagio Antonacci a bien tenté de s'imposer, artiste que j'aime beaucoup et dont j'ai des CD, mais aussi d'autres comme Gigi d'Alessio, et cela n'a pas marché, ils n'ont pas insisté. Quand je pense que Claudio Baglioni est inconnu en France, pays qui reconnaît du talent au moindre américain ou anglo-saxon et favorise tant de français sans voix et sans mélodies, qui eux ont « la carte », cela me met hors de moi.

Pour beaucoup, Mina, Baglioni, il est trop tard, ils sont trop âgés, ils sont bien reçus dans plusieurs pays et se passent très bien de la France. Même Celentano qui n'est plus tout jeune ne sort plus ses disques chez nous après avoir été adulé dans les années 70. Tant pis pour les Français. Ils écouteront Anngun et Carla Bruni.

Je ne comprends pas non plus tout le tapage que l'on fait autour de Renaud qui revient, il faut dire que je ne l'ai jamais aimé, mais il est loin pour moi de mériter des éloges qui me font penser à ceux que l'on faisait, mérités, à Jean Ferrat.

C'est l'éternel problème entre ceux qui ont la carte et ceux qui ne l'ont pas. Beaucoup d'artistes dénoncent ce système typiquement français.

Renaud est certainement sincère, et il méritait son succès, mais ce qui me déplaît est le fait qu'on le plaigne alors qu'il avait sombré dans l'alcoolisme. C'est une chose que l'on n'a pas pardonné à Muriel Baptiste. Le public l'ignorait, mais le métier devait être au courant. Encore que cela ne s'est produit qu'à des périodes précises de sa vie et pas en permanence.
Je le promets, en parlant de Renaud, je n'avais prémédité d'évoquer ma muse. J'en reviens toujours à elle. Demain, je ferai moins de chroniques pour le monde des Avengers, c'est-à-dire moins d'épisodes d'« Opération vol » et me consacrerai davantage à ce journal, si j'ai des choses à dire évidemment.

8 mai

Le temps me manque, ce n'est qu'aujourd'hui que je le trouve pour regarder le DVD live de Vasco Rossi dont je parlais le 18 mars, m'étant contenté jusque-là d'écouter les CD, soit la bande son, soit les CD. On ne peut pas tout faire à moins d'être retraité : le journal, les chroniques du Monde des Avengers et regarder les DVD.

Aujourd'hui, j'ai voulu travailler sur ce journal, et résultat, je n'ai pas du tout avancé dans les chroniques de « Opération vol ».

Or, un journal nécessite d'être relu, de savoir rajouter une phrase, enlever un passage inutile, et tout cela requiert un certain temps. J'ai voulu aujourd'hui retravailler les quatre premiers mois, ce qui m'a pris des heures.

Je le dirai cent fois, cela ne changera rien. Il me faut m'arranger à ne négliger ni les chroniques ni ce journal. Si celui de l'année 2015 était tout de même assez court, je réalise qu'avec l'habitude, celui de cette année me prendra plus de temps, sera plus épais. On ne peut pas se contenter de relater une actualité qui est un travail de journaliste ou d'historien. Elle peut servir pour me donner des repères, mais pas davantage.

J'en ai terminé avec la série de Michael Landon « Les routes du Paradis », mais « Opération vol » m'attend pour vingt-quatre derniers épisodes à chroniquer. J'en fais un ce dimanche, et regarde Muriel en DVD en soirée.

Vénissieux, (Rhône) 9 mai

Les problèmes de sommeil reviennent au grand galop. Impossible de m'endormir après ce long week end où j'ai pris l'habitude de lire assez tard, éteignant la lumière un peu avant une heure. Je relis les journaux de Pascal Sevran. Hier soir, j'ai éteint à 23h20 et voyant qu'à 0h00, je ne dormais pas, j'ai pris un Stilnox. Mais à 2h00 du matin le sommeil n'était toujours pas là. J'ai même rallumé la lumière et repris mon livre pour tenter de me fatiguer un peu.

Pourtant, si je suis épuisé aujourd'hui, il s'est passé une chose extraordinaire hier. Le fait de ne pas dormir n'engendrait chez moi aucune panique. Je sais qui est venu m'envelopper, me soulager. Au journal télévisé de la 2, l'acteur-réalisateur Woody Allen a répété que selon la religion juive, il n'y avait rien après la vie. Pourtant, j'ai bien senti la présence de Muriel, pas de doute, c'était elle, venu me réconforter, et chasser toute peur de ne pas dormir. Monsieur Allen se trompe. Je suis certain que Muriel était là, du moins son âme, dans la chambre, pour me rendre serein.

Cela n'a pas empêché en moi une profonde fatigue pour la réunion syndicale à la bourse du travail à Vénissieux, qui m'a permis de revoir René T. dont nous avons pu convenir ne plus nous être rencontrés depuis très longtemps. En effet, René T. a été gravement malade en 2007 et à cette époque-là, nous nous étions perdus de vue. Il pense que je suis venu à un repas commun avec d'autres confrères syndicalistes, je n'ai pas osé le détromper, mais je suis certain du contraire. Il y a des années que je n'ai pas vu René T. Nous parlons avec émotion de la disparition d'une amie commune,

Georgette A., en 2009. La dernière fois que j'ai vu Georgette, elle parlait d'organiser une fête pour mes quarante ans, c'était au printemps 1999. Je n'ai appris son décès qu'en 2013 environ, et il remontait à 2009.

Donc, impossible de me souvenir de ma dernière rencontre avec René, ce qui est sûr est que c'est après 1999, mais je ne saurais retrouver l'année. La vie nous sépare. Pierre C. qui ne manque jamais de me souhaiter mes vœux de nouvel an ne m'a jamais averti du décès de Georgette qui travaillait avec lui, il l'a admis lors d'une rencontre en 2013. Sachant que je faisais partie de leur petit groupe de syndicalistes, je n'ai jamais compris son silence à ce sujet.

René T. est retraité a 66 ans. J'ai eu un choc en le voyant aujourd'hui.

En revanche, Christophe C. qui venait avec moi à la réunion m'a inutilement contrarié au sujet d'un document que je n'ai pas amené. Il serait trop long d'entrer dans les détails, mais plus que jamais, j'ai envie de partir de la CGT. Enfin, de mon poste de délégué syndical. Je resterai simple syndiqué et l'on me fichera la paix. Cela risque arriver à propos d'un nouveau vote.

Idéologiquement, je ne sais plus trop où j'en suis, il me semble que mon syndicat se fige dans des positions certes justes mais qui ne sont plus partagées par les masses, et que nous courrons à notre perte.

Ecrire ce journal m'intéresse davantage que de militer. L'enthousiasme d'autrefois, qui frôlait le trotskysme et les aspirations révolutionnaires, est parti avec l'âge. Je suis l'objet de critiques à mon poste de responsabilité pourtant mineur, à un moment de ma vie où j'ai envie de faire le bilan et surtout de penser à Muriel. Je sais que je ne changerai pas le monde, je ne suis ni Che Guevara, ni Lénine. Je m'épuise souvent à porter un drapeau pour un combat auquel je ne crois plus. La CGT, voire les autres syndicats, ont-ils un avenir quand l'individualisme triomphe à ce point dans la société ?

Comme je l'avais prévu, j'ai davantage de temps en semaine pour ce journal que le week-end où il faut que je termine mes chroniques.

Valence, 10 mai

Journée désagréable pour des raisons qui n'intéresseraient pas les lecteurs, des tracas de pouvoirs au sein de la petite section CGT de l'entreprise. Ma mère me prépare mes comprimés et s'est hier complètement trompée de médicaments, donc ce soir, je ne serai jamais si mieux servi que part moi-même. Avec son grand-âge, sur ce point, je ne peux plus lui faire confiance.

La CGT s'acharne à faire grève contre la loi travail alors qu'elle va de toute façon passer avec l'article 49-3.

Un homme attaque au couteau plusieurs personnes à la gare de Munich, et il s'avère que c'est un déséquilibré bien connu et n'ayant rien à voir avec la mouvance islamiste.

Ce journal devient un vrai refuge après le bureau, pour pouvoir parler de Muriel. « La conversation impossible », troisième biographie, va sortir, et j'ai grande hâte que cela arrive. Curieusement, l'éditeur me dit que l'ouvrage ne sera déposé à la BNF (Bibliothèque Nationale de France) qu'une fois cent exemplaires vendus. « La vie quelle gifle ! » ne doit pas l'être, car je n'ai pas dû entre Persée et Publibook en vendre cent, et de toute façon, avec la réédition Publibook, je suis reparti à zéro.

Cela m'embête que mes livres ne soient pas déposés à la BNF, je me demande si ce n'est pas en raison des éditions à compte d'auteur et écrivains auto-publiés, qui agrandissent considérablement le nombre d'ouvrages qui sortent par rapport à l'édition à compte d'éditeur.

« La vie, quelle gifle » en édition Persée est introuvable, ils ont tout envoyé au pilon. La réédition figure sur Priceminister mais n'a jamais été disponible. Sur Amazon, deux exemplaires sont toujours en vente, et ne semblent pas partir. Quelqu'un vient d'en mettre un exemplaire sur Ebay en le vendant nettement plus cher que son prix. L'édition Persée n'avait fait qu'un passage éclair sur Ebay. Heureusement, « La reine foudroyée » est disponible partout. Ce livre écrit avec sincérité mais moins complet que l'autre s'est mieux vendu. Il doit être à la BNF depuis 2007.

L'objectif va donc être de vendre, mais cent exemplaires pour des biographies Muriel Baptiste ne sont pas des cibles faciles à atteindre car elle est un sujet peu commercial.

En lisant les journaux de Pascal Sevran, que j'avais découverts à leur parution, puis vainement tenté de relire m'arrêtant très vite au premier tome il y a quelques années, je ne réalisais pas à quel point il était devenu réactionnaire. Certains de ses propos me choquent, car il justifie la pédophilie consentie, enfin soi-disant consentie S'il était parmi nous, il aurait encore des ennuis quand on voit les scandales qui éclaboussent l'Eglise en 2016 avec notamment Monseigneur Barbarin. Ses propos sur le tourisme sexuel sont dérangeants, car même s'il ne précise pas s'il s'agit de mineurs, la misère des pays du Tiers Monde ne justifie rien. L'homme était un grand provocateur. Il écrivait cependant bien mieux qu'on peut le penser. On comprend qu'il n'avait pas recours à des « nègres » comme certains animateurs TV qui font écrire leurs ouvrages. Il avait obtenu le prix Roger Nimier pour son roman « Le passé supplémentaire » en 1979. Sa nostalgie d'auteurs qui ont été des collaborateurs notoires me semble souvent à mettre sur le terrain de la provocation. Il ne jure que par Marcel Jouhandeau et Jacques Chardonne, ce dernier ayant manqué de peu être fusillé à la libération. Un autre qu'il mentionne souvent,

Paul Morand, ne me paraît guère plus fréquentable (lui s'est réfugié en Suisse à la libération).

Moi qui me suis tant indigné au sujet du romancier Ange Bastiani, collaborateur notoire et auteur du « Corso des tireurs » dont Muriel Baptiste a tourné dans l'adaptation télévisée, je reste ébahi que l'on puisse ainsi faire l'apologie de gens fort peu fréquentables, même s'ils ont des talents d'écriture (ce qui n'était pas le cas de Bastiani).

A force de provoquer, Sevran se verra mis à l'index pour des passages du Tome 7 « Le privilège des jonquilles », même si dans cette affaire, on lui a fait un mauvais procès, détournant ses propos plus d'un an après la parution du livre et utilisant une interview à la radio. Il avait dit des choses infiniment plus glauques concernant les écrivains collaborationnistes, la pédophilie, le tourisme sexuel. Cela dit, il est à des lieues des provocations de Dieudonné, lequel est régulièrement condamné.

J'ai rêvé cette nuit au feuilleton de 1972 « La demoiselle d'Avignon » qui aujourd'hui me paraîtrait bien désuet. Je n'ai jamais été amoureux de Marthe Keller, Muriel Baptiste était vraiment unique et la place dans mon cœur, en janvier 1972, était prise. Marthe Keller refusa en 1974 de tourner une suite, « La nouvelle Avignon », et à mon avis, elle a eu raison. Quatre ans la séparaient du tournage (1970) et elle préférait rester sur une note positive. A mon avis, il était impossible de rééditer le succès de la saga romantique de Frédérique Hébrard et

Louis Velle. Ce sont des feuilletons comme on n'en ferait plus aujourd'hui, trop purs, trop naïfs, un conte de fées, une histoire de princesse et de beau diplomate. C'est moins triste que « Les gens de Mogador ».

Louis Velle n'a jamais retrouvé un tel succès, certes il a eu « le 16 à Kerbriant » et « L'homme qui revient de loin », mais les films du couple Hébrard-Velle comme « Un mari c'est un mari » ont été des échecs. La deuxième diffusion de « La demoiselle d'Avignon » en 1974, en soirée, le jeudi à 21h40, avait été un triomphe, mais la troisième fut reléguée à l'après-midi. Télé Poche était passé de trois à deux étoiles pour annoncer le programme qui n'avait plus le même écho en termes d'audience et de succès.

La carrière de Marthe Keller a été grandiose au cinéma (et l'on peut comprendre que « La Nouvelle Avignon » en 1974 ne l'ait guère tentée), tandis que celle de Louis Velle a vite tourné court : « Le permis de conduire », « Les murs ont des oreilles », « L'intrépide ». Louis Velle est tombé dans le piège de la comédie franchouillarde alors que Marthe jouait aux Etats-Unis « Bobby Deerfield », « Marathon man », « Black Sunday », « Fedora ».

J'aimais bien Koba Lye Lye et François Fonsalette, mais je n'ai pas suivi la carrière de Marthe. « L'homme qui revient de loin » et « Docteur Caraïbes » me passionneront encore avec Louis.

11 mai

Réveillé à quatre heures du matin, par les tracas de la veille, dont j'ai décidé de ne pas encombrer ce journal, mais qui vont me rendre encore plus misanthrope et déçu du genre humain dont il ne faut décidément rien attendre.

Muriel et ce journal sont tellement plus importants que des luttes intestines syndicales, tant à l'intérieur de la CGT qu'avec la CFDT. On pourra me taxer de grand sot de m'accrocher dans une organisation qui me traite si mal, alors que j'ai tant à écrire sur Muriel.

Publibook ce midi me restitue l'original de la photo de couverture de « Muriel Baptiste, la conversation impossible ». Au courrier aussi, un CD de feu James Horner, « Braveheart », que j'écoute tandis que j'écris.

Muriel a eu des déboires bien pires que les miens, que je relate dans « La conversation impossible », des déboires professionnels et financiers, avec une bande de comédiennes qui avaient décidé qu'elle était la femme à abattre. « Ils ont eu ma peau » dira-t-elle à quelqu'un qu'elle rencontre en 1979.

J'attends la sortie de cette troisième biographie avec impatience maintenant, je ne sais si ce sera la dernière, j'aurais pensé que « La vie quelle gifle ! » le serait, et je me suis trompé.

Mais Muriel sera toujours dans les pages de mon journal. Au bureau, quelqu'un a demandé en plaisantant s'il vaut mieux vivre un grand amour qu'une histoire de sexe. Je ne me suis pas mêlé de la conversation, je n'impose pas au premier venu mes déclarations d'amour sur une actrice morte qui me feraient passer pour un illuminé.

On parle du 49-3 et du passage en force la loi El Khomri, on ne parle même que de cela si l'on met la radio en conduisant. Enfin, sur France Info, la seule station que j'écoute. Tout à l'heure, interview d'un frondeur sûr que la motion de censure peut être votée, mais quand le résultat tombe, ce n'est pas le cas. Le Parti Socialiste l'exclura, ce qui en soi n'est pas dramatique. D'ailleurs, tout cela est de la poudre aux yeux jetée en pâture aux journalistes et au peuple, car une exclusion du PS est rarement définitive. Ils ont trop besoin d'adhérents. Les socialistes, les républicains, les sarkozystes, les juppéens, la politique politicienne a de beaux jours devant elle.

Quelle distance entre le peuple et les élites !

On me demande si je suis allé voir « Captain America Civil War », m'étant tellement ennuyé en allant en 2014 assister à une projection de « Captain America, soldat de l'hiver », la chose ne risquait pas d'arriver. Par curiosité, je regarde sur Internet Movie Data Base de qui est la musique : Henry Jackman, un tâcheron. Les spécialistes du site Underscores, dédié à la musique de film, ne me démentiront pas. Aujourd'hui, ils parlent et débattent avec ferveur de Michael Giacchino et de Marco Beltrami, que j'ai déjà cité dans les successeurs de James Horner.

Chacun ses passions. Ceux-là se moquent bien de Manuel Valls et son article 49-3.

Je sais qu'il reste (très âgés) deux grands noms : Ennio Morricone et John Williams, mais pour moi, James Horner avait encore son mot à dire et au bas mot une bonne cinquantaine de partitions à nous offrir. Beltrami que j'ai essayé sur quatre CD est plus inégal. Il a connu la gloire en mettant en musique la série horrifique « Scream ». Giacchino est plus jeune, 48 ans, né en 1967, que Beltrami qui accuse un an de plus. Toutefois, Beltrami a une longueur d'avance, alors que Giacchino a perdu son temps à composer des musiques de jeux vidéo avant d'arriver au cinéma. J'oublie toujours ce cher Bruce Broughton, qui a signé quelques chefs d'œuvre comme « Le secret de la Pyramide », Christopher Young « C'était à Rome », et quelques autres. Alan Silvestri se discrédite en étant très inégal, dommage. Il est capable du pire comme du meilleur. David Arnold, pourtant pas très âgé (54 ans) est depuis plusieurs années en sommeil, semi-retraité, et enfin il reste Danny Elfman que je ne connais pas suffisamment. Il est de l'âge qu'aurait Horner aujourd'hui, 62 ans.

Ceux-là n'ont pas dit leur dernier mot, même si avec surprise je découvre que Broughton a 71 ans, je l'aurais cru plus jeune. Pour être complet, Young, à 58 ans, fait partie de la génération Horner.

Nous avons peu de compositeurs (vivants) en France, le tour est vite fait : Alexandre Desplat, Michel Legrand, Bruno Coulais, Philippe Sarde, Eric Serra, Claude Bolling, Gabriel Yared, Laurent Petitgirard, Philippe Rombi, Pascal Gaigné, Francis Lai, Alex Beaupain, Vladimir Cosma plus tout jeune. La plupart des gens qui vont au cinéma se moquent de savoir qui a composé la musique.

Beaucoup nous ont quittés, comme Georges Delerue, Maurice Jarre, Michel Magne, François de Roubaix. On dit qu'un bon compositeur de musique de film est celui dont on ne remarque pas l'œuvre, qui est un élément du film, ne prédomine pas. Ce qui n'était pas le cas de James Horner ou de beaucoup d'autres américains que j'ai cité. Mais le compositeur du « Titanic » a fait apprécier la musique de film aux foules, et pour cela il mérite tous les éloges.

Muriel n'a pas eu de chance avec les compositeurs de ses films et feuilletons, si l'on excepte Delerue pour « Les rois maudits ». Dans « La princesse du rail », on nous mettait du Berlioz. Georges Garvarentz n'a guère été inspiré pour « Les sultans », pas davantage qu'André Hossein pour « Plainte contre X » et « Le corso des tireurs ». On sauvera la belle partition de Delerue, encore, pour « Lancelot du lac ». Mais il faut dire que l'actrice n'a pas beaucoup tourné.

Je me demande ce que je vais lire lorsque j'aurais terminé le cycle Sevran : Peut-être acheter les derniers Renaud Camus de Fayard, de 2010 à 2012, avant qu'il ne soit viré manu-militari pour avoir apporté son soutien au Front National. Les diaristes sont rares.

Tandis que j'écris, Alain Juppé annonce sur TF1 que s'il était élu l'an prochain, il supprimera les 35 heures et portera l'âge légal de la retraite à 65 ans. Il n'est pas en train de me donner envie de voter pour lui.

Le festival de Cannes débute ce soir. Il y a belle lurette qu'il ne m'intéresse plus, ce qui n'était pas le cas dans les années 80.

12 mai

J'étais aujourd'hui en réunion de travail avec une collègue que j'apprécie et une autre moins, qui me boude depuis des années. Un mot de trop que j'ai dû dire et qui lui a été répété. Depuis, elle refusait de me faire la bise, et j'ai été stupéfait qu'elle me la fasse aujourd'hui. Tout arrive.

Je ne suis plus l'homme rancunier que j'étais par le passé même si je ne pardonnerai pas à mon abruti de cousin, « abruti » qualificatif dont il m'a traité en 2014. J'ai mes degrés dans le pardon, et à certain ma porte est fermée à jamais, ils sont assez nombreux.

Quant à l'autre collègue, avec laquelle il n'y a jamais eu de brouille, j'en pense le plus grand bien mais je m'autocensure dans ce journal qui est public. Certaines choses, surtout par écrit, pouvant toujours être mal interprétées par des esprits tordus, je dirais seulement que je l'apprécie beaucoup, point final.

La bise de l'autre était peut-être par inadvertance, je me souviens d'une assemblée où nous nous retrouvions à plusieurs collègues qui lui faisaient la bise, et arrivé mon tour, elle s'était écarté en me disant « Excuse-moi ».

Nous ne sommes comme le dit le bon sens populaire « pas grand-chose sur Terre », on peut mourir d'un AVC à tout moment, mais il faut toujours que des gens vous traitent d'abruti ou bien vous refusent une bise. On ne peut pas plaire à tout le monde, ce qui est mon cas, beaucoup mon cas, énormément mon cas, car j'ai une personnalité assez tranchée, qui a tendance à se modérer avec l'âge. Mais au fond, ceux qui croient plaire à tout le monde ne se font-ils pas des illusions ?

Moi-même, je n'ai pas été à l'abri récemment de cruelles déceptions, de coups de poignard dans le dos, preuve que je suis et resterai un grand naïf.

La motion de censure du gouvernement Valls a échoué, on ne parle que cela depuis hier, j'ai du mal à comprendre pourquoi la CGT continue de manifester. Il a grève aujourd'hui, mais aussi les 17 et 19 mai, alors que je serai en RTT.

Je dois aller à Viviers ce samedi soit après demain voir ma fille et ensuite un film d'animation à Montélimar avec Lucas mon petit-fils, qui a choisi « Angry birds ». La musique est d'un illustre inconnu, comme je viens de le voir sur Internet Movie Data Base, Heitor Pereira. D'habitude, je vais le mercredi voir Lucas mais il sera en voyage scolaire.

J'espère que les choses se passeront bien, comme les dernières fois avec Lucas, ma fille me dit qu'il n'y a pas de raison.

Je me passerai ce soir de « Marseille » avec Gérard Depardieu, comédien qui m'inspire la plus vive antipathie. Non content de squatter le cinéma français, il faut qu'il sévisse à la télévision, ce qui n'est pas une première. Ce sera sans moi. « Envoyé Spécial » ne m'inspire rien, sujet consacré aux origines de l'Etat Islamique. Je regarderai sans doute un « Columbo » en DVD.

Bérénice Bejo est à Cannes pour le film « Fais de beaux rêves » de Marco Bellocchio. Elle est interviewée sur France Info. Je pense à Muriel qui aurait pu faire une pareille carrière. Il faut dire que sur le coup, j'ai cru que cette Bérénice était la fille de Gérard Jugnot (acteur que je déteste), en réalité elle a joué la fille de l'acteur des « Bronzés » dans « Meilleur espoir féminin » en 2000. Du coup, la colère que j'allais prendre sur les « fils et filles de » par rapport à ma chère Muriel qui s'était faite toute seule tombe à l'eau. J'allais me combler de ridicule. Il faut dire que je n'ai pas vu « Meilleur espoir féminin », et de Bérénice Bejo, comme seul film, j'aurais pu citer « The Artist ».

Muriel a suscité la jalousie car arrivant de nulle-part, sa chance et son talent lui ont permis de multiplier les rôles, carrière que les envieux, impitoyablement mais efficacement (d'après elle, mais pourquoi ne pas la croire ?) ont réussi à briser.

Demain, c'est vendredi 13, et je voulais jouer au loto sur Internet, mais je trouve la transaction trop dangereuse. J'irai demain au bureau de tabac, comme tout le monde. J'achète sans problème des CD sur Internet, mais j'utilise ma carte bancaire, tandis que là, il m'est demandé d'entrer dans son intégralité mon numéro de compte bancaire (IBAN, BIC).

Encore que le vendredi 13 ne m'ait guère porté chance : ma mère a fait une chute le 13 avril 2012 qui l'a laissée en fauteuil roulant.

Cela dit, les superstitions ne sont-elles pas d'un autre âge ?

Didier Deschamps présente la liste de l'équipe de France pour l'Euro 2016. Inutile de dire que je tombe par hasard sur cette information, moi qui ai toujours détesté le football, ces jeux du cirque modernes, cet opium du peuple, ces joueurs aux salaires indécents quand on voit ce que l'on donne aux chercheurs qui s'expatrient vers les Etats-Unis. Je hais le football. Il est aussi un sport qui attise le nationalisme, et à l'intérieur de nos frontières les hooligans, la violence des supporters, entre PSG, OM, OL, et ASSE (Saint-Etienne). Enfant et adolescent, je détestais les matchs (à l'époque il s'agissait de rugby) qui le samedi après-midi me privaient de « Chapeau melon et bottes de cuir », du « Saint », de « Match contre la vie » et d'autres séries anglo-saxonnes sur la deuxième chaîne.

C'est le 40e anniversaire du match de l'ASSE Saint Etienne, des verts, qui ont affronté l'équipe du Bayern de Munich. On nous l'a rabâché toute la journée, de France Info à la télévision. Je trouve ridicule l'anniversaire d'une défaite, mais de toute façon c'est le football en général que je méprise.

On ne peut pas s'intéresser à tout dans la vie, à Muriel Baptiste et à Didier Deschamps, aux musiques de film et au football, aux chanteurs italiens du festival de San Remo et aux champions de l'équipe de France ou d'ailleurs. Je ne connais même pas les règles du foot, c'est dire. Au collège, pendant les matchs, le professeur d'éducation physique me mettait sur le banc de touche qui était alors... un champ de maïs ! Et devinez à qui je rêvais, dans ces années 70 en regardant le ciel, allongé dans le champ : à Muriel ! Cela ne s'invente pas. En me mettant tout le temps hors jeu, le professeur ne sait pas le service qu'il me rendait. Je préfère les poètes aux champions sportifs.

« Envoyé spécial » n'est pas intéressant, mais il est trop tard pour mettre un des épisodes de « Columbo » en DVD offerts par ma fille.

13 mai

Ça y est : aujourd'hui mon livre sur Muriel « La conversation impossible » sort chez Publibook où on peut le commander. J'en fais adresser un à une cousine qui a adoré les deux premiers tomes, à ma fille, et à un ami. Le livre ne m'appartient plus, il est livré au public. C'est terriblement exaltant.
Il est évident que je suis très fier de cette sortie. Celles de mes journaux, comme celui de 2015 et celui que je suis en train d'écrire seront évidemment plus confidentielles.

Muriel encore et toujours. J'attends les réactions, j'espère qu'il y en aura. Que cela ne chagrinera personne. Mes deux premiers livres ont été peu lus, et je me garderai bien d'en dévoiler trop sur mon blog. Je pense que certaines choses en surprendront plus d'un, par la précision des détails.

Les choses que j'allais livrer à ce journal se trouvent reléguées au second plan, voire n'y figureront pas. Ce livreur de surgelés qui vient plus tôt que l'heure prévue et ne me trouve pas alors que mon réfrigérateur est vide, tout cela parce-que cela arrange Monsieur qui passe livrer un autre client dans le quartier, et a eu droit à ma colère, il ne mérite pas que je m'y attarde. Muriel éclipse tout. Est-ce son ultime retour ? Je ne dirai plus jamais à nouveau.

De toute façon, elle continuera, jusqu'à ma mort, à être présente dans les pages de ce journal dont elle est le fil conducteur, l'âme.

Aujourd'hui, France Info ne parle que de ce footballeur Zlatan Ibrahimovic qui s'en va du PSG. Qu'il s'en aille, ce type qui a dit que la France était un pays de merde ! C'est aussi une évocation du 13 novembre 2015.

Muriel, de là où elle est (ce que j'espère) doit être bien heureuse de ce livre qui la venge de façon posthume et lui permet de dire des vérités qu'elle a toujours tues. Ce sont ses vérités. Sa vision des choses. Elle ne l'avait pas dit au public, et grâce à ce livre vingt et un an après sa mort peu le faire.

Chose étrange, les trois biographies sont sorties en mai. « La reine foudroyée » le 16 mai 2007, « La vie, quelle gifle ! » le 26 mai 2014, et cela sans que ce soit volontaire. En effet, le moment de la sortie ne dépendait pas de moi. A l'heure où j'écris, le journal 2015 n'est pas encore accepté par Publibook.

Ce livre est moins complet que « La vie quelle gifle », mais il en corrige les erreurs. A la limite, il faudrait plus tard envisager, pour que les deux passent à la postérité imaginer une réédition « La vie quelle gifle suivi de La conversation impossible ». Nous n'en sommes pas là. Je me projette déjà dans le futur.

Il faut savoir avant tout si j'aurais des lecteurs, s'ils aimeront l'approche de l'actrice faite dans ce livre, la façon que j'ai choisie pour aborder le sujet, mon angle d'attaque si j'ose dire. On dirait un roman, cela n'en est pas un. Puisque tout ce que dit Muriel sur la fin de sa carrière, son enfance, ses relations avec les autres, elle l'a dit, peu importe à qui.

Il est très difficile de la sortir de l'oubli. 1974 est si loin, année qui sonnait la fin de sa carrière, et il n'y a pas beaucoup de gens qui comme moi pensent encore à elle.

Je suis fier de ce livre, je l'ai écrit avec plaisir, ce qui n'était pas le cas des deux autres. Je dis sans détour que je suis amoureux fou de Muriel, je le lui dis à elle par delà la mort. Mais je raconte aussi ce que fut sa vie, bien triste, très loin de ce que j'imaginais.

Demain, c'est l'Eurovision, pour une fois la chanson qui représente la France est plutôt mélodieuse et rythmée, mais je ne fais guère d'illusions. La France ne gagnera plus jamais ce concours, qu'elle devrait quitter. Je ne défendrai pas avec enthousiasme la candidate italienne, une fille qui est arrivée seconde à San Remo alors que c'est le groupe « Stadio » qui a gagné. A ce compte-là, pourquoi Nek, second en 2015, n'a-t-il pas représenté l'Eurovision l'an dernier ?

La fille qui va chanter est une illustre inconnue, Francesca Michielin. A mon avis, aucun intérêt, c'est l'impression qu'elle m'a faite à San Remo. J'ai vu sur Wikipédia qui ne raconte pas que des bêtises qu'elle est issue de la téléréalité et du jeu « X Factor ». C'est une nouvelle, c'est son premier album.

Demain, je me rends à Viviers et Montélimar voir mon cher petit-fils Lucas. J'espère que le film nous plaira.

13 mai 2016, sortie donc de mon livre et j'ai fait de la publicité sur Facebook. Quelqu'un (qui a acheté les autres) dit qu'il vient de le commander à l'instant. J'ai hâte qu'il soit sur Amazon. Si la réédition de « La vie quelle gifle » y est visiblement un échec, la première édition, par Persée en 2014, se vendait bien. Enfin, pour un livre à compte d'auteur, et traitant de Muriel Baptiste. Chassé de Fayard en 2012, Renaud Camus continue son journal en autoédition chez « Lulu. Com ». Mais il a une telle maîtrise de la langue française qu'il n'a pas besoin d'un correcteur.

Viviers (Ardèche), 14 mai

J'ai fait un superbe rêve où j'avais six ans et me trouvais en vacances en 1966 dans un endroit indéterminé où se tournait « La princesse du rail ». Or, en juillet 1966, je me trouvais à Allevard-Les-Bains, et la série avait été tournée en Auvergne au printemps 1966. Ce rêve enchanteur dont j'avais un meilleur souvenir au moment de mon réveil qu'au bout de quelques heures, en rédigeant ce journal. Je sais que ce songe était doux, beau, et m'a enchanté, même s'il était en décalage avec les faits réels. Il est dommage que je n'aie pas pu écrire sur le champ, mais je partais pour Viviers.

Ces temps-ci, je rêve souvent d'elle, et il s'agit de magnifiques rêves, les cauchemars ne sont plus de mise. Tant mieux. Elle m'apparaît en Annunciata Vidal, la princesse du rail.

Goldman arrête les enfoirés à la suite d'une polémique à laquelle je n'ai pas compris grand-chose et à un manque d'inspiration, c'est l'annonce de France Info. Comme son dernier album studio date de 2001 (« Chansons pour les pieds »), doit-on en conclure que sa carrière est terminée ?

Avec mon petit fils Lucas, neuvième film vu en commun, c'est comme je l'ai dit « Angry Birds, le film », un film d'animation. J'ai reconnu dans le film la chanson des Carpenters « Close to you ». Puis nous nous rendons au bord d'une petite rivière de Viviers, l'Escoutay, où il s'amuse avec son bateau téléguidé. Il me prête les commandes un moment. Nous sommes en Ardèche, un train de marchandises passe, Annunciata/Muriel Baptiste hante quelque part ce paysage.

Pas de Concours eurovision de la chanson pas sur France info, comme pourtant annoncé hier. A la place, un match de football. La fin de la saison de la ligue 1 remplace l'Eurovision. On veut vraiment me faire détester le foot. J'apprends qu'un rallye a tourné au drame, un pilote ayant foncé dans la foule et tué un père et son fils de 10 ans à Istres.

Je regarde la fin du Concours Eurovision et me demande depuis quand l'Australie fait partie de l'Europe. Cette affreuse chanteuse coréenne (représentant l'Australie) me fait regretter les candidats français et italiens. J'ai peut-être été sévère avec Francesca Michielin qui est bien mignonne. Je suis arrivé trop tard pour voir sa prestation, je la vois en coulisses, elle ne m'avait pas fait d'effet à San Remo. Amir, le candidat français, est sixième. L'Australie a failli gagner, quelle horreur ! L'Ukraine gagne, un moindre mal. Je me demande quel score aurait fait Nek s'il avait participé pour l'Italie l'an dernier.

Valence, 15 mai

Pascal Sevran avait déclaré lors d'une émission télévisée un soir de réveillon que la chanson italienne était excellente avant qu'elle ne devienne américaine. Il citait trois chanteurs de référence : Marino Marini (un quartette des années 50), Domenico Modugno et Adriano Celentano.

Sans manquer de respect à la mémoire du créateur de « La chance aux chansons », si j'avais été présent, je lui aurais fait observer que Celentano n'avait rien contre la chanson américaine, interprète, il s'est d'abord consacré à l'adaptation de hits américains du rock and roll, un peu comme Johnny Hallyday en France (« Diana » de Paul Anka, puis « 24 000 baci », une création italienne réplique du pur rock yankee). Par la suite, Paolo Conte lui a composé « Azzurro » repris par Régine, avant que ses autres succès soient « Prisencolinensinincuisol", premier rap italien sur une solide mélodie (paroles et musiques d'Adriano), et « Svalutation », un rockabilly écrit à plusieurs mains, notamment par Vito Pallavicini, l'un des auteurs de « L'été indien » de Joe Dassin). Il n'y avait pas plus américanophile que Celentano.

En fait, Sevran maîtrisait mal ce sujet. La chanson italienne traditionnelle est d'abord napolitaine ou classique (Opéra par exemple). Ses représentants furent Claudio Villa, le ténor Enrico Caruso, et d'autres. En 1958, au festival de San Remo, un peu comme Charles Trénet déboulant avec ses chansons swing au milieu des Jean Lumière et Tino Rossi, Domenico Modugno décroche un succès mondial avec « Volare » dont le vrai titre est « Nel blu dipinto di blu » (Dans le bleu peint en bleu) et modifie tous les codes de la mélodie transalpine. Deux autres noms ensuite méritent d'être cités, deux compositeurs, le regretté Lucio Battisti (« Ancora tu ») et Claudio Baglioni, sans qui tous les Umberto Tozzi, Eros Ramazzotti, Nek, Emma Marrone et tous les chanteurs modernes (depuis les années 70) mélangeant pop et variétés, n'auraient pas existé. Enfin, Marino Marini est un quartette anecdotique, certes charmant pour la nostalgie (Dalida reprendra « Bambino » de ce groupe) mais qui n'a pas marqué de son empreinte l'histoire.

Modugno après « Volare » reviendra à un style plus traditionnel avec des titres comme « La lontananza », « Ciao, ciao Bambina », « Dio come ti amo », « Piove », tandis qu'à la fin des années soixante et à l'aube de la décennie suivante, Battisti et Baglioni révolutionneront la façon de composer les ritournelles du pays de Dante, digérant l'influence pop anglo-saxonne et les racines latines. Je dis tout cela parce-que j'ai écouté de façon plus attentive Francesca Michielin et que ce n'est pas mal du tout.

Attention, elle n'a rien inventé, d'ailleurs elle a co-écrit avec trois comparses le titre de l'Eurovision « Nessun grado di separazione », mais c'est construit sur le modèle Battisti-Baglioni. C'est grâce à ces deux là qu'existe « Gloria » d'Umberto Tozzi ou « Una storia importante » d'Eros Ramazzotti. J'avais dû écouter la chanson distraitement lors du festival de San Remo, il est vrai cependant qu'elle n'a pas la puissance de « Fatti avanti amore » de Nek qui séduit immédiatement.

En revanche, si je fais amende honorable pour la candidate italienne, la chanson française de l'eurovision, « J'ai cherché » par Amir, réécoutée à froid n'avait rien d'extraordinaire. C'est agréable à écouter sans plus, et Obispo ou quelqu'un de la nouvelle génération aurait pu en être l'auteur. Il décroche tout de même la sixième place au concours, ce qui est honorable par rapport aux années précédentes. Or, je n'aime guère la nouvelle génération de chanteurs français quitte à passer pour un vieux con qui déclare « c'était mieux avant ».

Baglioni a un accent exécrable en français, ce qui a limité sa carrière chez nous à l'album « Comment tu vas ? » sorti en 1980 dans l'indifférence, version française de « E tu come stai ? ». Mais le mélodiste a attiré nombre de chanteurs français qui se sont empressés avec plus ou moins de bonheur à mettre des couplets dans la langue de Molière sur ses musiques.

Battisti aura été à l'origine de deux tubes français : « Amore caro, amore bello » (Hervé Vilard) ; « Je pense à toi » (seul titre connu de Jean-François Michaël en dehors de « Adieu jolie Candy »). Pourtant, pop star transalpine, vivant très vite en reclus loin des médias, surtout en raison de son cancer qui lui avait fait prendre beaucoup de poids, Lucio Battisti (1943-1998) était une personnalité très différente de Vilard et Michaël, voire des autres artistes qui l'ont chanté en français et que je n'ai pas retrouvé. Hervé Vilard a adapté l'un de ses plus grands tubes, « Il mio canto libero », sous le titre « Ma chanson de liberté », mais tant son adaptation, que la version française dont s'est fendue Lucio en 1972 ne sont pas restés dans les mémoires.

En Italie, si vous dites que vous aimez Battisti, on vous répond que vous aimez une légende. Pourtant, derrière le personnage typiquement hippie des années soixante, ami de David Bowie et de Pete Townshend, se cachait un personnage plutôt secret, que l'on accusé, à tort ou à raison, d'être fasciste. Malgré ses décennies de succès, Baglioni reste un chanteur pour adolescentes. Dans la même catégorie et génération, le regretté Lucio Dalla, Antonello Venditti (qui surprendra tout le monde en imposant même en France son tube « Ci vorebbe un'amico » en 1984), Francesco Gucchini, Francesco de Gregori et surprise « Riccardo » Cocciante, notre Richard Cocciante.

Ce dernier déclare, dans une interview de Platine (N°13 d'août 1994) avoir débuté en même temps que Baglioni, Venditti et De Gregori, mais être le seul des quatre à ne pas soutenir le parti communiste italien. Il raconte qu'on les appelait « Les quatre mousquetaires ». Il ne cite Battisti que pour leur parolier commun, Mogol. Et il a la dent dure pour un artiste compositeur interprète que nous connaissons bien en France, Toto Cutugno. Quand on lui pose la question : « Quels sont les artistes majeurs des années 80-90, il répond aussitôt « En revanche, Toto Cutugno, connu en France, n'a jamais été un monument en Italie ». Il se reconnaît dans la génération de deux artistes : Lucio Dalla et Pino Daniele. Il cite comme référence l'incontournable chanteuse Mina, interprète, phénomène en Italie et inconnue chez nous.

Je n'ai jamais été étonné de l'insuccès de Mina en France, car elle fait double emploi avec Dalida, elle créa « Parole parole » (faux ami, qui signifie « des mots, des mots ») avec l'acteur Alberto Lupo, peu avant l'adaptation française de Dalida avec Alain Delon. Je reste surpris qu'il parle peu de Battisti. Cocciante ne se gêne pas pour sabrer toute une série de chanteurs italiens populaires connus en France, ne nous y attardons pas.

Le cas Cutugno est étrange car j'ai constaté par moi-même qu'il était tenu en piètre estime en Italie, alors qu'il a signé pour Michel Sardou, Hervé Vilard et Joe Dassin davantage de tubes que Baglioni et Battisti réunis.

En dehors de cela, ce 15 mai 2016, le pape François a daigné faire une apparition éclair sur RAI UNO depuis le Vatican, mais cela n'a pas été retransmis sur France 2. Je n'aime pas ce pape qui se préoccupe plus des migrants que de sa fonction. On est loin de Jean-Paul II donnant sa bénédiction dans toutes les langues.

Les Russes sont furieux de la victoire de l'Ukraine à l'eurovision, qu'ils jugent le fruit d'un complot. De toute façon ce concours n'a plus aucun intérêt depuis que les pays de l'Est sont entrés en compétition, la Biélorussie votant systématiquement 12 points pour la Russie.

16 mai

Je ne sais plus si la Pentecôte est un jour férié ou non. C'est le cas pour la poste, mais les magasins sont ouverts. 60% de l'argent reversé doit aller aux personnes âgées et le reste aux personnes handicapées, avec toutefois des frais de fonctionnement.

Je me répète, je le disais le 6 mai, Je me suis engagé à long terme à faire des chroniques de DVD de séries pour un site. On m'offre ces DVD neufs, la contrepartie étant d'en faire la critique. Si c'était à refaire, je m'abstiendrai. En effet, il s'agit d'un travail de longue haleine, et lorsque je l'ai entrepris, je ne faisais pas ce journal (ni mes livres sur Muriel Baptiste).

Je relis en ce moment le tome 5 du journal de Pascal Sevran, qui relate l'année 2003. Des tas d'évènements comme la mort tragique de Marie Trintignant sont évoqués par l'auteur en marge de sa vie quotidienne à Morterolles.

Après Richard Cocciante en 1994 dans « Platine », le journaliste Patrick Eudeline dans le « Rock and folk » de mai 2009 revenait sur la chanson italienne, partant du rock mais évoquant au passage les variétés. S'il ignore totalement Baglioni, les mêmes noms reviennent : il compare Lucio Battisti à Nougaro et Gainsbourg. Ce sont un peu les mêmes noms que Cocciante qu'Eudeline évoque. Bien entendu, il fait un détour par le rock en citant quelqu'un que je ne connais pas, Ghigo Agosti, qui a introduit le rock en Italie en 1953. Il me pose une colle, je ne le connais pas. Quelques erreurs au passage, il cite Fred Buscaglione que j'aime beaucoup comme créateur de « Tu vuo' fa' l'americano ». C'est faux. Renato Carosone en est le créateur et l'interprète. De plus, Eudeline ne jure que par « Patti » Pravo, mais elle s'est toujours appelée Patty.

Je me suis amusé (je ne dois avoir que cela à faire) à recenser les noms cités par les deux chroniqueurs sur le sujet.

Alors Cocciante cite, dans l'ordre, et cela provoque chez moi un sentiment bizarre car j'ai des disques de presque tous ces artistes : le Quartetto Cetra, Mina, Peppino Di Capri, Claudio Villa, Domenico Modugno, Tony Dallara, Adriano Celentano, Gino Paoli, Luigi Tenco, Fred Bongusto, Sergio Endrigo, Bruno Lauzi, Gianni Morandi, Eros Ramazzotti, Milva, Ornella Vanoni, Mia Martini, Umberto Bindi, Claudio Baglioni, Antonello Venditti, Francesco De Gregori, Lucio Dalla, Pino Daniele, Paolo Conte, Drupi, Angelo Branduardi, Caterina Caselli, Patty Pravo (dont le nom est correctement écrit), Ricchi e Poveri, Al Bano et Romina Power, Ennio Morricone (compositeur), Vasco Rossi, Zucchero, Gianna Nannini, Toto Cutugno, Giovanotti.

33 chanteurs et un compositeur de musique de films. S'il y a un nom qui manque de toute évidence à cette liste, c'est celui d'Umberto Tozzi.

Eudeline cite lui d'abord deux compositeurs, Ennio Morricone et Nino Rota, puis défilent Adriano Celentano, Lucio Battisti, Caterina Caselli, Ghigo Agosti, Fred Buscaglione, Piero Ciampi (un autre que je ne connais pas), Caterina Valente, Johnny Dorelli, Domenico Modugno, Peppino Di Capri, Giorgio Gaber, Little Tony, « Patti » Pravo, Zucchero, Rita Pavone, Mina, des groupes (« Les Rokes », « Les Primitives », « I Bisconti », « I Ribelli », « I Corvi », , « I Dik Dik », « I Nomadi », « I Giganti », « I 7 Latini », « Equipe 84 », « I Pooh »), Gigliola Cinquetti, Bobby Solo, Le Orme, PFM (Premiata Forneria Marconi), Fausto Leali, Francesco Guccini, Drupi, Umberto Tozzi, Skiantos, Zucchero, Paolo Conte, Gianna Nannini, Liftiba, Lacuna Coil, Laura Pausini, I Santo California.

2 compositeurs de cinéma, et 42 noms dont beaucoup de groupes, 17 au total. Je suppose qu'à part I Pooh (dont j'ai des CD), Liftiba, la PFM, I Santo California, les autres ne sont connus que des rockers. Lacuna Coil, dont je n'ai jamais entendu parler, est un duo de metal, je viens de vérifier sur Internet. Quant aux chanteurs, deux seuls noms me sont inconnus, Piero Ciampi et Ghigo Agosti, dont je soupçonne Eudeline d'avoir exagéré l'importance. Un type qui aurait chanté de 1953 aux années 1990, et dont je n'ai jamais entendu parler, moi qui étais fourré

dans les disquaires en Italie, voilà qui est étrange. Tozzi trouve place dans la deuxième liste, mais pas Baglioni.

Je constate l'absence d'un très grand, Renato Zero, le premier chanteur homosexuel et travesti, dont j'ai beaucoup d'albums (il a une discographie kilométrique), qui est l'un des plus célèbres en Italie. Bizarre qu'il ait échappé à Cocciante et Eudeline. Même l'acteur Vittorio Gassman parlait de lui dans ses mémoires, « Un grand avenir derrière moi », ouvrage sorti en livre de poche en France. Centré sur le rock, Eudeline nous parle de groupes certainement pour la plupart oubliés et éphémères.

Bien sûr, on ne va pas chipoter, toute liste ne peut être exhaustive, mais l'essentiel y est. Il faut aussi tenir compte que ces listes sont de 1994 et 2009.

Allez, il manque quand même quelques grands noms : Edoardo Bennato, Fabrizio De André, Enzo Jannaci (pourquoi citer Giorgio Gaber et pas son fidèle complice), et Roberto Vecchioni, dont tout italien sait qui ils sont ou pour certains étaient, le cancer nous ayant privé de De André et Jannacci. On ne comptera pas le napolitain Massimo Ranieri, devenu plus acteur que chanteur.

Ce qui me fait un peu peur, à part les groupes rock et metal de la liste d'Eudeline, c'est que j'ai des disques de quasiment tous ceux qui sont cités ! Je suis en train de réaliser que ma discothèque est majoritairement italienne. Sauf évidemment de ceux que je n'aime pas.

Dire que c'est à cause de la petite jeunette de l'Eurovision, dont on n'entendra peut-être plus parler, que je remplis les pages de ce journal de noms italiens.

Dois-je avoir honte, moi qui n'ai pas une goutte de sang italien, de ne pas posséder de disques de beaucoup de chanteurs français ?

Les routiers, les cheminots, les facteurs, menacent de bloquer le pays. Rien ne va en ce moment, et au nom de la loi travail El Khomri. Les Français refusent les réformes, Hollande et Valls ne semblent pas l'avoir compris. Le Président voulait terminer tranquillement sa dernière année de mandat, c'est raté.

Je me rends compte que depuis deux jours, je ne parle pas de ma chère Muriel. Ce qui ne veut pas dire que je n'y pense pas.

J'ai écouté « Braveheart » de James Horner. Quel moment d'extase, de quiétude, je savoure cette musique d'un film avec Sophie Marceau et Mel Gibson que je n'ai jamais vu. Mais c'est une œuvre majeure du compositeur.

Demain, je vais sortir, ne pas rester enfermé, tant pis pour le journal et les chroniques de séries.

17 mai

Horrible cauchemar où ma fille se retrouvait (mariée ?) à une famille de la mafia espagnole. Il m'était interdit de la voir et je m'adressais à un avocat qui lui-même travaillant pour cette famille me conseillait un confrère. Un rêve absurde puisqu'elle n'avait pas mes petits enfants.

J'ai fait de la marche aujourd'hui, et accompagné pour une partie du parcours la manifestation CGT où les camarades n'étaient pas nombreux, Pourtant accompagnés de FO (Force Ouvrière). L'article 49-3 ayant fait passer en force la loi El Khomry, le mouvement s'étiole.

François Maistre est mort à 91 ans. Il était le patron des « Brigades du tigre » et avait joué avec Muriel Baptiste dans « Témoignages : un grand peintre » », une Muriel qu'il avait dû oublier depuis longtemps.

Edilivre me demande de faire les corrections du court journal 1972 « Les forêts de Normandie », qui comporte 53 pages. Cela me prend un temps fou et m'énerve. Désormais, pour tous mes écrits, je ferai appel à un correcteur professionnel. J'ai perdu un temps précieux pour ce travail fastidieux.

J'ai reçu ce jour et écouté « Star Trek 2, la colère de Khan », de James Horner. Je pense que je ne suis pas loin d'avoir toutes les œuvres essentielles de ce compositeur désormais.

18 mai

J'ai tenu hier soir à relire le court journal 1973-74, « La passion pour Muriel Baptiste », publié chez « Book On Demand », donc déjà en vente, et à mon grand soulagement n'ai trouvé qu'une seule faute d'orthographe, à la page du 11 mars, un accord non fait : « Les retransmissions en direct de l'Assemblée Nationale me privait (au lieu de privaient) ». Ce matin, je constate dans le tome 6 du journal de Pascal Sevran une faute semblable, à la date du 22 juin 2004, dont je m'étonne qu'elle ait échappé au correcteur d'Albin Michel : « Le ronflement des camions ne m'agaçent pas » (au lieu de « m'agace »).

X ne lira jamais ce journal, alors je peux écrire tranquillement. Je suis terriblement jaloux. Qu'elle (la seule, l'unique) se soit amourachée de lui qui est plus jeune que moi est une chose qui me dépasse.

Elle faisait ce qu'elle voulait, mais qu'a-t-elle pu lui trouver ? Il ne brille pas par son intelligence, ne s'intéresse à rien, à part son argent et il en avait beaucoup. Mais lorsqu'elle lui a dit « Vous pouvez revenir me voir », elle ne le savait pas, on ne peut la soupçonner de ce côté-là d'avoir été intéressée.

Depuis le 8 décembre 2015, je sais qu'il y a longtemps, des siècles de cela, ils ont été amants, et cela me reste en travers de la gorge quelque part. Elle était inaccessible, mais pas pour lui. D'ailleurs, il n'a pas été conscient de sa chance. Il ne la trouvait pas si belle que cela, « ordinaire ». Il aurait dû se taire. Il y a des secrets qui ne se révèlent pas.

Celui qui est arrivé après ne me dérange pas même s'il avait l'âge de son père. Je ne m'attarderai pas sur le sujet, mais il fallait que je l'écrive, que cela sorte.

Il y a ceux qui n'ont pas voulu parler et avaient sans doute des choses intéressantes à dire, mais m'ont opposé leur refus, leur susceptibilité, leur orgueil, et il y a cet homme qui parle trop et persiste et signe en disant que « Non, elle n'était pas extraordinaire ».

Elle s'est confiée à lui et lui a raconté des trésors d'informations qui de son propre aveu « sont entrés par une oreille et sortis par l'autre ». Je me serai bien passé de connaître l'existence de X, même s'il m'a appris des choses intéressantes, les grandes lignes, car les détails, il ne les a pas retenus.

Je suis un homme jaloux, qu'elle me pardonne. Je ne suis pas jaloux des autres hommes, je suis jaloux de X, car il était plus jeune que moi et ne la méritait pas. A quoi peut bien pousser la solitude ? Dalida chantait « Pour ne pas vivre seul, on vit avec son chien ».

Il n'est pas méchant X, il s'est trouvé, malgré lui, au bon endroit au bon moment. Il faut dire que Paris envoûte ces dames, je ne sais pas ce qu'elles lui trouvent à Paris, Isabelle T. ne pouvait pas rester cinq jours loin de la capitale. Nous avons rompu, enfin plus exactement, je l'ai quittée. Isabelle T. était une emmerdeuse en plus de ne jurer que par Paris et de mépriser la province. Et être une emmerdeuse de première est plus grave que d'être parisienne ne voulant pas sortir des murs de sa ville.

Ce journal, je pense, se vendra de façon confidentielle, alors je peux écrire ici ce que je ne divulguerai jamais ailleurs.

Les policiers manifestent : je les soutiens. Le désamour de certains français entre le 13 novembre 2015 et ce jour est flagrant. Ces français ont la mémoire courte.

Sur la pointe des pieds, la reine Elizabeth II annonce aujourd'hui que le Royaume-Uni va peut-être se retirer de l'Union Européenne. Si la France pouvait en faire autant ! Cette Europe n'est pas celle des peuples, mais de la finance et du libéralisme le plus sauvage. Elle n'est pas la mienne. Une Europe qui envisage d'accepter la Turquie, pays d'Asie, ne peut être prise au sérieux, comme la présence de l'Australie au Concours Eurovision.

19 mai

Il n'est pas facile de vivre avec une personne âgée. Ma mère qui était autrefois la personne la plus accommodante qui soit me le prouve encore ce matin. Un mot de trop, un mot de travers, une réponse de ma part (réalise-t-elle qu'elle me pousse parfois à bout ?) et j'ai droit à ce qu'elle boude comme un enfant. Elle ne dort pas, ce qui la rend nerveuse en permanence, mais je n'ai pas à en faire les frais.

Ma mère est devenue acariâtre, elle en veut au monde entier d'être dans un fauteuil roulant. Elle oublie qu'elle a 94 ans, un âge que j'espère ne pas atteindre. Elle n'est pas dans une maison de retraite. Cette chance, elle n'en est pas consciente. Heureusement, ses colères ne durent jamais longtemps, ses bouderies s'estompent et tout redevient calme comme si de rien n'était. Jusqu'à la fois suivante.

Les gens du site « Underscores » m'ont conseillé vivement d'acheter « The 33 », qui n'est pas un 33 tours vinyle mais l'avant-dernière musique composée par James Horner. Or, le CD ne passe pas sur ma chaîne et hier j'ai songé à me rendre à Easycash pour y remplacer ma platine CD. Sur un lecteur de DVD, « The 33 » passe très bien et il y a une raison pour cela, ce n'est pas un CD mais un CDR. Je commence à être dépassé, je ne savais pas ce qu'était un CDR jusqu'à aujourd'hui. On me déconseille d'en acheter, mieux vaut selon certains un téléchargement. Un CDR coûte aussi cher qu'un CD mais il n'a pas été « pressé » en usine, selon le terme exact. J'ai failli changer ma platine pour rien.

Cela dit, avec un lecteur DVD branché sur une chaîne Hi-fi, on peut se passer de platine CD. On ne fabrique plus de platines (On en trouve que d'occasion), car le CD est un support en perte de vitesse, amené à disparaître. Commercialisé en France en 1983, après avoir commencé son histoire au Japon l'année d'avant, le CD aura duré moins longtemps que le vinyle. Aujourd'hui, tout va beaucoup trop vite, un livre se vend en e-book, un disque se « télécharge » légalement. Le support matériel disparaît. Où sont passés le charme d'une pochette de 33 tours, le parfum typique de papier d'un livre que l'on ouvre après quelques années, le plaisir de chiner chez un libraire ou un disquaire ? Je n'aime pas notre époque, où tout est éphémère.

Pour s'en convaincre, il suffit de lire un journal littéraire. On se rend compte à quelle vitesse les modes passent, à quel point on oublie les catastrophes naturelles, les disparitions de gens célèbres.

Daniel Craig ou plutôt Vladimir Poutine refuse 88 millions de dollars (ou 68 millions de livres) pour continuer à jouer James Bond, personnage qu'il a saccagé. Ils feraient mieux d'arrêter le massacre en stoppant la série. Le jeune pressenti par les bookmakers britanniques, Tom Hiddleston, est un clone de Craig. Tout cela depuis longtemps n'a plus rien à voir avec la série avec Sean Connery et Roger Moore.

Un avion a explosé cette nuit, un vol d'Egypte avec 66 personnes à bord dont 15 français. La piste de l'attentat est envisagée. Il s'est écrasé au large d'une île grecque. Il faut s'attendre à ce genre de nouvelles régulièrement désormais, et avoir beaucoup de courage pour prendre l'avion.

Alors que notre sécurité en tant que français est menacée, je n'en reviens pas de tous ces abrutis et inconscients qui vilipendent la police, l'attaquent. Nous avons bien besoin que l'état assure notre tranquillité. La démagogie règne, la majeure partie des policiers (même Renaud le chante « J'ai embrassé un flic ») est irréprochable, faisant un métier dangereux. Il y aura toujours des bavures, il faut les condamner, mais les moutons noirs ne doivent pas donner le sentiment que toute la police est à brûler.

Dans ce contexte de manifestations et de désordre, j'ai l'impression que le festival de Cannes passe totalement inaperçu. Personnellement, je m'en fiche.

A 16h04, je reçois un mail de Publibook pour le « Journal 2015 » qui est accepté. Dans la foulée, je signe mon contrat, l'affaire est lancée, d'ici trois semaines, je devrais avoir les premières épreuves. Ensuite, je n'aurai à refaire ce genre d'opérations qu'en janvier 2017 pour le présent journal. Il me tarde que « Muriel Baptiste, la conversation impossible » soit disponible sur Amazon et Fnac, ce qui n'est pas encore le cas. Le journal, lui, sera une œuvre plus confidentielle. Cela intéressera mes proches, mais je me fais surtout plaisir. Muriel n'est déjà pas un sujet vendeur, mais l'on peut espérer des ventes, dix, vingt, trente, plus, tandis que le journal n'atteindra jamais ces chiffres-là. Une correctrice professionnelle m'a demandé 800 euros pour « La conversation impossible », alors que pour le journal, l'offre Publibook, qui propose la mise en page, la correction, la diffusion, le dépôt légal, l'attribution du code barre ISBN, je n'atteins jamais des sommes aussi folles.

J'ai voulu aller marcher aujourd'hui, mais le vent et la pluie m'ont fait rebrousser chemin.

20 mai

C'est un comble qui doit en révolter plus d'un : Salah Abdeslam trouve ses conditions de détention trop dures et ne parlera pas au juge. Il va bien se trouver des crétins pour le défendre au nom des droits de l'homme.

Pas très futé l'employé SNCF. Je réserve un billet TER pour Lyon que je paie avec ma carte bleue. Il faut aller le chercher à la gare de Valence Ville, et mettre sa carte bancaire dans une borne où l'on me redemande de payer avec ma carte. L'employé me dit que je n'ai fait que réserver sans payer sur Internet. Pris d'un doute pour qu'on ne me débite pas deux fois le même voyage, j'appelle la SNCF. L'employé a tort : la seule transaction s'est faite la première fois sur le net, et si l'on m'a demandé tant de choses à la borne, c'est pour être certain que j'étais bien le propriétaire de la carte. La dame au téléphone m'a rassuré, je ne serai pas débité deux fois, mais l'employé de gare ne connaît pas son métier.

J'ai hâte de voir et d'entendre Lara Fabian le 4 juin à Lyon.

Ma mère est de meilleure humeur aujourd'hui.

Muriel ne vient pas hanter mes rêves, et je le regrette profondément. Ce n'est peut-être qu'une pause, car j'ai rêvé d'elle plusieurs fois ces temps-ci. Pour la première fois, je n'ai pas de vacances en juillet, et n'irai sur sa tombe qu'en août. Mais ce n'est pas là-bas que je vais la chercher, elle est en moi, j'y pense sans arrêt.

Sans Muriel, j'aurais cessé d'écrire depuis longtemps, y compris ce journal. Car on l'y retrouve en fil rouge. Muriel est ma raison de vivre, ma raison d'écrire. Muriel est synonyme du mot amour pour moi. De femme aussi. J'espère bien la retrouver pour de bon, dans un au-delà auxquels beaucoup ne croient pas avec férocité. Qu'ils pensent ce qu'ils veulent. Je suis persuadé qu'elle m'attend, pas pressée, me souhaitant la vie la plus longue et la plus heureuse ici. Je n'ai pas envie que l'on me prenne pour un fou, alors je suis discret. Je ne le chante pas sous les toits, mais j'ai souvent l'impression qu'elle se penche au-dessus de mon épaule pour me réconforter. Qu'elle me rend tout l'amour que je lui ai donné. J'ai expliqué dans mon journal 1973 « La passion pour Muriel Baptiste » que le vendredi 16 mars 1973, devant la vitrine d'un libraire où elle trônait en couverture de l'édition Plon 1972 de « La reine étranglée » que j'avais atteint ce jour-là le stade maximum de l'amour pour elle, qu'il n'était pas possible de l'aimer davantage. Mais une fois ce point atteint, il n'est jamais retombé. Je ne peux pas dire que je l'aime plus car plus est impossible. Ce qui tient du miracle est que cette passion d'adolescent soir restée intacte, n'ait pas faibli d'un iota. Le jour de ma mort, je suis certain qu'elle se déguisera en Annunciata, la petite gitane de « La princesse du rail », et m'attendra dans un pré, devant une forêt. La nature sans aucune fioriture, telle qu'elle était le jour où elle fut créée. Et que nous nous jetterons dans les bras l'un de l'autre, qu'elle me serrera contre elle, que le cauchemar sera fini, car je serai mort, comme elle, mais éternel. J'ai contre moi les athées militants qui ne supportent pas que l'on puisse croire qu'il y ait quelque chose après la vie, et les chrétiens, qui ne supportent pas que l'on divinise les gens. Si j'ai tort, je ne le saurais pas, je partirai en pensant à nos retrouvailles, mais je suis persuadé que je la retrouverai. Une Maryse T. fan de Muriel m'a prédit en 2006 avant de s'évanouir sans jamais plus me donner de nouvelles : « Sois patient, un jour tu trouveras ce que tu cherches ».

Combien de journaux à écrire nous séparent Muriel ?

Je donne tous mes biens terrestres pour le moment où Muriel me serrera contre elle. Je n'aurais plus peur ce jour-là, plus à courir à droite à gauche, plus à me préoccuper de rien qu'à me fondre dans son regard. Le bonheur est une éternelle quête sur Terre, alors que dans ses bras, là où elle est, dans ce pré que je vois, je l'aurais enfin pour l'éternité.

Je me rends compte que j'ai une immense chance d'aimer à ce point-là, que peu de gens y arrivent, je n'ai rien demandé, c'est survenu dans ma vie à l'âge de sept ans et demi pour mieux revenir alors que j'allais en avoir treize, l'été 1972. Muriel est la plus belle femme du monde, à mes yeux. Ce que les autres pensent me laisse de marbre. Ils ne sont pas dans mon cœur pour ressentir ce que j'éprouve.

Muriel Baptiste, je t'aime. Au passé, au présent, au futur et à perpétuité. Ce qui est extraordinaire, c'est qu'en t'aimant sortent de mon esprit tous les sentiments de rage, de haine, de rancune, de colère. Tu es l'amour à toi toute seule.

Je ne déteste plus personne lorsque je pense à toi Muriel.

21 mai

Quel affreux cauchemar ! J'étais marié avec mon ex-belle sœur F. et mon mariage partait à la dérive comme le vrai, celui que j'ai connu et qui s'est terminé par un divorce.

J'étais content de me réveiller. Mais moins optimiste par rapport à hier sur la mort. Oui, comme tous les humains, je crains la mort, mais surtout la souffrance, et cette terrible maladie qui porte le nom d'un signe du zodiaque. J'ai peur aussi qu'il n'y ait rien après. On a des jours avec et des jours sans. Au stade actuel de la science, dire que Dieu n'existe pas et que rien ne survit au corps est très vraisemblable. Il y a de moins en moins de croyants. Pourtant, l'amour pour Muriel, sa force, sa ténacité, ne sont pas des chimères. Et je veux garder l'espoir qu'elle m'attend quelque part.

Comme je le disais le 29 mars, j'ai relu d'une traite les neuf volumes du journal de Pascal Sevran, le dernier sorti de façon posthume achevé ce jour. Cet ultime tome, intitulé « Le petit bal perdu », commence le 16 novembre 2006, en pleine polémique sur des propos de l'auteur à propos de la famine en Afrique dans le tome 7 « Le privilège des jonquilles ». Il s'arrête brutalement le 30 mars 2007 lorsque Sevran apprend son cancer du poumon (maladie dont il ne prononcera pas le nom dans son journal), et reprend le 1er août quand il se croit tiré d'affaire, en convalescence. Dès lors, pour faire un livre aussi épais que les autres, car il n'a écrit que 39 pages jusqu'à mars, il va malheureusement, et c'est dit sans méchanceté, faire « du remplissage » en surchargeant les mois d'août à décembre. On aurait préféré qu'il nous laisse sur l'impression du tome 8 « La mélancolie des fanfares », ouvrage un peu plus court que les autres journaux mais excellent. Cependant, c'est l'éditeur qui a décidé de la parution, en janvier 2009. Pour des raisons évidentes, quatre mois sans écrire, le dernier volume est déséquilibré. Malgré sa frénésie d'écriture, il n'atteint pas les 200 pages, à l'impossible nul n'est tenu. Le pessimisme qui perce dans la dernière partie du livre laisse à penser que Sevran se savait perdu. Ce qui semble avoir été le cas dès le départ, mais nous entrons là dans le domaine de la rumeur. Il m'a été rapporté que dès son intervention chirurgicale, on savait qu'il ne s'en sortirait pas.

Muriel, contrairement à ce que j'ai écrit dans « La vie quelle gifle ! » n'a jamais eu le cancer. Elle a souffert d'une affection de la thyroïde diagnostiquée en 1979 et qui s'est aggravée en 1981. Son alcoolisme à la fin de sa vie ne lui a pas causé de cancer du foie.

Je suis sorti me promener pour m'aérer l'esprit et faire un peu d'exercice.

Jacques M. me précise sur Internet avoir reçu (avant moi) « Muriel Baptiste, la conversation impossible » ce jour. Je suis heureux que ce livre-là m'échappe. Que tout un chacun puisse lire tout ce que j'ai découvert pour rattraper les erreurs involontaires de « La vie quelle gifle ! » et continuer à faire sortir de l'oubli, à mon modeste niveau, la comédienne.

Alors que je pensais avoir terminé de faire le rapport de cette journée, je reçois un message de l'acteur Jean-Marc C. qui me demande de lui faire vendre « La vie, quelle gifle » et « La conversation impossible ». Je lui demande son adresse, et lui la mienne. Il m'adresse un chèque, je lui fais parvenir directement les exemplaires depuis le site de Publibook.

Il ne souhaitait pas mettre sa carte bleue sur Internet, si beaucoup de mes potentiels lecteurs ont ce genre de craintes, cela va nuire à mes ventes. Mais bon, ils ne sont pas si nombreux que cela ceux qui veulent acheter la biographie de Muriel Baptiste, et quand un arrangement est possible, pourquoi s'en plaindre ?

22 mai

Ma mère a voulu regarder hier soir sur TF1 le Dominique Webb des années 2010, Messmer, qui hypnotise tout le monde sauf moi. Je trouve que TF1 est le reflet de l'abrutissement des masses. Si « Messmer », « Joséphine ange gardien » et « Camping Paradis » font de l'audience, c'est que cela plaît. Triste époque, triste public.

Quelques petites contrariétés la veille dont je me demande si elles valent la peine d'être notées ici. Un SMS de Christophe C. qui m'évoque ce que j'écrivais le 11 mai, les problèmes internes au sein de mon syndicat, alors même que je suis en vacances. Vivement que d'une façon ou d'une autre, ces histoires intestines se terminent, elles ont par le passé nuit à mon sommeil. J'ai eu tort aussi d'appeler l'acteur Jean Marc C. qui ne comprend pas ma passion débordante pour Muriel. Que ce soit mon actrice préférée passe encore, mais pas plus. En achetant mes livres, il devra cependant composer avec ma passion débordante pour la comédienne.

Il faut que j'arrête de me justifier, de m'expliquer, de protester. Que ceux qui me prennent pour un illuminé passent leur chemin, d'autres me comprennent. Il y a mon blog qui désormais sert de page de publicité pour mes livres. « Pour vivre heureux, vivons cachés » disait Jean-Pierre Claris de Florian (1755-1794). Muriel Baptiste intéresse un petit cercle de nostalgiques et c'est très bien comme cela

Un vent assez froid est arrivé aujourd'hui, qui risque de compromettre ma promenade. Le ciel alterne entre le gris et le soleil. Je sors malgré tout, et sur mon chemin, qui le croira, je tombe sur un jardin d'enfants « Jean-Pierre Claris de Florian ». C'est la promenade le long des canaux de Valence où les canards sont les rois. Il y a de tous petits canetons, minuscules, à peine nés.

Je ne marche pas assez pour perdre du poids. J'y vais doucement, rallongeant chaque fois les parcours. J'envie ceux qui peuvent marcher dans la campagne, moi c'est la ville que je peux parcourir, mais s'il faut prendre la voiture pour aller marcher, je sais que je renoncerai vite.

Internet est le royaume des choses éphémères. Un jour, vous cliquez sur un lien, et vous obtenez « Erreur 404 ». Il en sera ainsi, un jour ou l'autre de tous les sites. C'est pourquoi je mise sur les livres. Ils me survivront, à condition que quelques personnes les achètent. La chose n'est pas gagnée, c'est pourquoi je mets le frein sur le blog Muriel Baptiste où les gens apprennent tout gratuitement ce qui provoque la mévente de mes publications. S'ils veulent des informations, c'est dans mes ouvrages que les amateurs devront les chercher.

Cela m'a donné un étrange sentiment de me promener le long de ces canaux de Valence sans mon petit-fils Lucas qui en raffole. Le ciel a été clément avec moi, car l'infirmière arrivée pour faire la toilette de ma mère dit qu'il tombe de la pluie à grosses gouttes comme la météo l'avait prévu. Il n'y a pas longtemps que je suis rentré, trois quarts d'heure tout au plus.

Je suis rentré pour voir « Du côté de chez Dave » où l'artiste des années 70 me déçoit de plus en plus, recevant des jeunes branchés (au milieu de quelques anciens). Aujourd'hui, c'était un best of avec Cœur de Pirate, Robert Charlebois, Alain Chamfort, Véronique Sanson et Maurane, Axelle Red, Garou et Stéphane Rousseau, Vianney massacrant « A toi » de Joe Dassin, Zaz, Marina Kaye, Jain (une « découverte » !), Jehro (autre découverte), Alice on the roof, un Aznavour tremblant et figé, Enrico Macias qui a l'air perdu dans ce décor, Stephan Rizon et d'une manière générale de la chanson pour bobos. Dave tourne le dos depuis longtemps aux artistes qui ont eu du succès à son époque dans son genre, la variété, pour se tourner vers la chanson déplorable actuelle. Pour un Aznavour, dix Zaz ou Vianney. Dave m'aura évité la pluie, c'est déjà çà, mais pas l'ennui.

Le problème, dans un journal, est que l'on ne peut pas tout écrire, à moins d'être quelqu'un de très connu à qui l'on pardonnera tout. J'ai relu et effacé une bonne partie de ma page du 22 mai. Il n'y avait rien d'outrageant ou d'insolite, mais par exemple, les échanges parfois un peu vifs avec ma mère ont-ils leur place ici ? Si elle les lit un jour, cela lui fera de la peine. J'ai tout enlevé. Je parlais trop aussi de ma conversation téléphonique d'hier avec quelqu'un qui les trois quarts du temps ne m'écoutait pas.

Il est possible aussi que je veuille trop que ce soit le journal de Muriel et non le mien. J'essaie de la défendre à travers ce que les gens m'ont dit, ce que je sais je l'ai mis dans mes livres. Jean Marc C. me trouve dur avec l'actrice Annie S. Dont acte, inutile d'y revenir, j'ai dit ce que je pensais dans mes ouvrages. Je suis maladroit au téléphone, surtout dès qu'il s'agit de Muriel Baptiste, à quoi bon me prendre la tête si en plus on ne m'écoute pas.

La fête de mères et l'anniversaire de la mienne sont samedi prochain, jour où ma fille et les siens viennent, je vais devoir me décarcasser à trouver quelque chose à lui offrir. Pas de nouveautés de Frank Michaël ou André Rieu cette année. Comme elle les adore, c'est, habituellement, la solution de facilité.

Je ne suis pas comme on pourrait le croire un ronchon. J'ai envie de remplir ces pages de mon amour pour Muriel Baptiste que certains n'admettent pas, trouvent exagéré. Mais que dire sur elle que je n'ai pas déjà dit. Lors de promenades solitaires au printemps, elle semble m'accompagner.

J'aime la solitude en marchant, mais n'en ai pas l'habitude car je prends ma voiture pour un oui ou pour un non. Je ne prends pas de grands risques en tournant autour de mon immeuble, mais si je me hasarde en forêt, il faudra que je prenne un portable en cas de besoin, mais pour appeler qui ? Les pompiers si je me tords la cheville ?

Il existe à Valence un club « OVS On Va Sortir » qui organise des randonnées pédestres, mais il faut alors renoncer à la solitude, l'autonomie, et se forcer à faire bonne figure pour avoir une « vie sociale ». C'est le genre de société où il ne ferait pas bon raconter que j'écris, que j'aime Muriel Baptiste. Autant faire des promenades dans mon quartier, où il ne m'arrivera jamais rien de grave.

23 mai

Insomnie, malgré toutes les précautions prises. A 2H30, je ne dormais pas, malgré des médicaments qui ne semblent plus faire effet, malgré une attention la veille de m'être couché tôt, et d'avoir voulu me réveiller à 6h40. La veille, en vacances, couché à 23h00, endormi dans la foulée, réveil mis à 6h40 pour tester la capacité à reprendre le rythme, puis dans les bras de Morphée jusqu'à 10h00.

Devant ce manque de sommeil, un grand point d'interrogation. Car il n'y a que deux responsables possibles. Le bureau et le syndicat.

Soit, en prenant une semaine de vacances, j'apprécie la vie autrement, peux me consacrer à lire, à écrire ce journal, écouter de la musique, et je ne supporte pas le retour à un travail de bureau.

Soit les récents évènements de la CGT dans mon entreprise, où (j'étais décidé à ne pas le dire mais je n'ai plus le choix), au nom du « jeunisme », on cherche à me pousser vers la sortie, cela mêlé au contexte de la loi El Khomri et à l'exaltation de certains, m'ont perturbé au point de me couper le sommeil.

De moins en moins, je partage les valeurs de ce syndicat et je ne suis pas certain que toutes les violences que l'on entend çà et là lui soient étrangères. Il y a toujours eu des « casseurs » qui se mêlent de n'importe quel mouvement, mais le discours révolutionnaire de certaines camarades qui veulent un nouveau mai 68 m'effraie. Ce discours là est près à accepter toutes les violences.

Dans mon entreprise, la CFDT et la CGT sont entrées en guerre depuis l'été dernier. J'aime encore moins la CFDT, car si une chose est bien inutile, c'est elle, syndicat d'accompagnement du patronat. Mais très politisée, la CGT qui n'est plus inféodée à un parti communiste moribond soutient des causes qui ne sont plus les miennes. Michel Rocard avait dit que l'on ne pouvait pas accueillir toute la misère du monde, les camarades ont un discours inverse, encore qu'il faille distinguer, dans la CGT, les opportunistes, qui ne cherchent qu'à tirer au flanc en abusant des heures de délégation, les vrais militants, les jusqu'au-boutistes, les anciens staliniens (devenus très minoritaires).

Comme la CFDT a raflé la mise aux élections, mon poste de délégué syndical devient très convoité, je le laisse à qui voudra. Mais le problème, qui se pose depuis qu'on commencé mes ennuis de sommeil, est que personne n'en veut. Mis au pied du mur, et comprenant qu'être délégué syndical, c'est avant tout faire face en permanence à des emmerdements, personne ne se déclare.

Bizarrement cette nuit, Muriel ne m'a été d'aucune aide pour me calmer. Je ne devrais pourtant penser qu'à elle. Tout m'énervait. Les heures qui passent, le Stilnox qui ne fait pas son effet. Si je devais être prisonnier à

Guantanamo et que l'on m'empêche de dormir, je serai le premier à craquer, car le manque de sommeil agit immédiatement sur mon moral.

Mais, si c'est le travail qui m'embête, chose que je saurai lorsque j'aurais déposé mon habit de secrétaire CGT, alors-là, les choses seront pires, car il me reste au bas mot sept années et quelques mois à travailler en l'état actuel de la législation.

La colère m'a pris après Salvatore Adamo, l'un de mes chanteurs préférés, mais qui devrait arrêter. Il a 73 ans, et je l'ai beaucoup défendu. Son succès n'aura duré qu'un peu plus de dix ans, de 1963 à 1975, soit de « Tombe la neige » à « C'est ma vie ». Ce dernier titre fut son dernier succès. Le public a été injuste, car en 1977, lors de son bref passage chez CBS, il avait sorti un énorme tube potentiel, « Si tu étais », que les gens connaissent quand même en raison des passages radio, mais enregistrée chez CBS, la chanson ne figure pas sur les compilations des débuts, de la firme Pathé Marconi-Emi.

Par la suite, en fait après 1975, Adamo ne devait plus jamais connaître le succès. En 1979, il signait chez Barclay pour un passage éclair dans cette maison et sortir « Pauvre liberté », un album très engagé contre les dictatures asiatiques. Les auditeurs auraient fait un triomphe à un autre mais pas à lui, étiqueté chanteur de bluettes, même si « Inch'Allah » est loin d'en être une. J'ai défendu Salvatore en 1982 avec son album aux sonorités étranges et survoltées, « Puzzle », à mi-chemin entre pop et variétés, qui, sorti encore chez une autre maison de disques, Wea (ou Warner si vous préférez) fit non seulement un énorme bide mais qui se prolongea avec un Olympia désastreux. Pourtant, « Puzzle », surfant sur l'espionnage, proposait le premier clip du chanteur. Mais le public a dit non. En 1987, Poivre d'Arvor dans son émission d'alors lançait un sondage et le public de TF1 répondait qu'il « pouvait revenir ». Pourtant le 33t de cette année-là, « Avec des si », sans tubes, de qualité mais pas populaire, était difficile à défendre. Je le fis. On gardera un silence pudique sur l'album suivant chez Carrère, « Sur la route des étoiles ». De beaux titres, mais isolés dans les deux albums suivants, avant un grand retour en 1998 dans « Regards », hélas encore boudé par le grand public. Il ne restait que deux pépites à venir, « Par les temps qui courent » en 2001 (sorti chez un label cheap, Atoll Music) et « Zanzibar ». À la suite de cet album, le chanteur fait un AVC, perd son jeune frère d'un cancer, et depuis ne sort que des choses médiocres. Normal, il est auteur-compositeur-interprète depuis 1963 et sa veine inspiratrice s'est tarie, pour une seule chanson dans les années 90, il traduira un titre de l'excellent Roberto Vecchioni. Acteur catastrophique (« Les Arnaud »), Adamo ne nous quittera pas sur un chef d'œuvre, ni sur un succès renoué avec le public et le hit parade. En effet, sous l'impulsion de son ami Bénabar, il sort un album de duos, rien qu'avec des chanteurs bobos intellos. Il vend, mais ce sont ses succès des années 60 que tout le monde connaît et que ses partenaires duettistes massacrent.

Tous les albums qui suivent sont plus indéfendables les uns que les autres, « La part de l'ange » (où je sauve le titre « Vers toi »), de mémoire je n'ai mis l'album suivant « De toi à moi » où il est surtout question de présenter sa fille naturelle avec laquelle il chante en duo qu'une seule fois sur ma platine. En 2013, « La grande roue » album prétentieux, sans tubes, sans rien à sauver, est boudé par le public jusqu'en tournée, concert annulé aux « Folies du lac » près de Valence, où j'avais réservé ma place, concert gratuit aussi à Valence de trois heures où les gens au lieu de bisser s'en vont avant la fin. L'an passé, « Adamo massacre Bécaud », et en ce début 2016 encore un album, celui de trop, « L'amour n'a jamais tort », avec un seul titre écoutable, celui qui donne son titre au cd, tout le reste étant désolant.

Salvatore, tu as 73 ans, arrêtes-toi, tu n'es pas dans le besoin, tu es milliardaire avec tes droits d'auteurs et des tournées au bout du monde, du Japon en Amérique du Sud. Muriel qui était ton aînée de quelques mois en cette année 1943, si elle était toujours parmi nous, aurait pris une retraite méritée.

Autant dire que cette nuit, cela ne m'a pas aidé à dormir. Frédéric François lui a eu la sagesse d'espacer depuis quelques années chaque album de trois ans. Avec lui, pas de surprises, c'est toujours pareil. Mais il a 66 ans. Et il plaît toujours aux dames, des minettes des années soixante-dix aux vieilles dames d'aujourd'hui. Il a été malade (Burn out, traitement à la cortisone), et a eu la sagesse de faire une pause. Par rapport à Claude François, Adamo nous laissera un début de carrière flamboyant et une fin piteuse et ennuyeuse. Cela me fait mal de dire cela d'un artiste que j'aime, et au passage n'aide pas à trouver le sommeil.

Plus qu'Adamo qui ma foi n'a pas fait de mal à une mouche, c'est la CGT qui brouille les signaux de mon sommeil, et qu'il me faut arrêter le plus rapidement possible. Encore faut-il trouver l'opportunité de sortir la tête haute ? Je l'avais récemment, et j'ai écouté un médecin spécialiste peu avisé qui ne me voyait pas rester à mon siège au travail dans mon bureau sans jamais plus d'heures de délégation.

Pour l'Autriche, on nous dit ce qu'il est bon de voter, qu'un écologiste, Alexander van der Bellen, batte un eurosceptique, Norbert Hofer vite taxé d'extrémiste de droite est une victoire. J'ai l'impression que l'on aime les raccourcis simplistes, Hofer est contre l'Europe et les migrants surtout. Dénonçant la burka et l'islamisation, symbole de l'esclavage de la femme. Un discours qui ne passerait pas à la CGT.

Je n'aime pas le « prêt à penser », il faut que l'on laisse les citoyens se faire leur opinion par eux-mêmes. Personne n'a envie de revivre Hitler et le nazisme. Pas plus que Staline et le goulag.

Sur ce, j'espère que tant la CGT qu'Adamo me laisseront dormir ce soir.

24 mai

En colère contre « Edilivre », qui m'avait soumis les corrections d'un court journal, « Les forêts de Normandie », correspondant à l'année 1972. Au lieu de modifier « Pour la première fois, j'aime » par « Pour la première fois, je suis amoureux », le correcteur (ou la correctrice) m'a changé de sexe et écrit « Pour la première fois, je suis amoureuse ».

J'ai envoyé un mail pour dire mon mécontentement, car cela retarde le bon à tirer. Ces journaux squelettiques de 1972 (« Les forêts de Normandie ») et 1973 (« La passion pour Muriel Baptiste »), je finis par me demander si j'ai bien fait de les faire publier. Ils sont très courts, trop courts, et ne se vendront pas. Ce sont presque deux enfants bâtards dans ma bibliographie.

J'ai retrouvé le sommeil et même un peu trop, réveillé juste à temps pour aller au travail aujourd'hui, mais mes craintes concernant les gens qui me poignardent dans le dos à la CGT se confirment. Il y a longtemps que j'aurais dû les envoyer paître. Le moment viendra.

J'ai enfin reçu de Publibook (posté le 20 mai) trois exemplaires de « Muriel Baptiste, la conversation impossible ». En le relisant, j'ai l'impression de l'avoir rédigé à quatre mains avec Muriel. Je ne pense pas que je serai autant inspiré pour quelque futur ouvrage, y compris les « Journaux ». Ma cousine me téléphone à l'instant, elle l'a reçu, ma mère en lit un, je sais que d'autres à qui je l'ai fait envoyer l'ont également en mains.

Je me demande si je n'ai pas été trop dur avec Salvatore Adamo hier. Je n'ai fait que refléter mes goûts d'amateur (l'homme déteste le terme « fan »). Je pense qu'en toute objectivité, l'artiste a baissé en qualité surtout qu'il est comme je l'ai précisé seul à composer ses musiques. On a le sentiment depuis « C'est ma vie » en 1975, « Si tu étais » en 1977 et « Puzzle » en 1982 que la veine est épuisée. Les textes sont beaux, et auraient pu être écrits par des grands de la chanson à texte (« Les collines de Rabiah », « Mon douloureux Orient ») mais ce qui pêche, c'est la musique, qui n'est plus à la hauteur. On a cru brièvement au tube avec « Ce George » en duo avec Olivia Ruiz sur l'album « La part de l'ange » en 2007, mais ce fut un succès d'estime vite oublié. Son temps de gloire est passé il y a bien des années.

25 mai

On se croirait en guerre, avec la grève de la CGT paralysant les réserves de carburant. Tout le monde ne parle que de cela. On frôle la psychose. J'ai entendu dire plusieurs fois que des personnes âgées dont le réservoir du véhicule est quasiment rempli viennent faire le plein pour trois euros !

Le livre « Muriel Baptiste, la conversation impossible » est enfin en vente sur Amazon aujourd'hui. Pas encore sur la FNAC. Pas de photo de la couverture pour l'instant sur Amazon.

Ce jour, je reçois un vieux numéro du « Pèlerin du 20e siècle », acheté une somme modique, qui le 29 novembre 1970 proposait un petit article avec photo de Muriel (prise dans « La princesse du rail ») sous le titre « Muriel Baptiste, Lancelot du lac ». Je vois aussi sur Ebay qu'arrive un Télémagazine que je ne connaissais pas, du 22 juillet 1972, avec mon actrice adorée en couverture et le commentaire suivant : « Muriel Baptiste, tous les soirs à la télé ».

Elle aura donc ce mois de juillet 1972 fait la couverture de tous les magazines de programmes télévisés de l'époque (Télé Poche, Télé 7 Jours, Télémagazine). C'était l'époque de la rediffusion de « La princesse du rail » le matin et de la diffusion « Les dernières volontés de Richard Lagrange » le soir).

J'ai reçu un coup de téléphone d'un monsieur de la société Edilivre, Edouard, qui me signale que je n'ai pas signé mon contrat pour le journal 1973, « La passion pour Muriel Baptiste ». On ne me parle que d'elle, je relis mon livre qui vient de paraître chez Publibook. Au risque de paraître prétentieux, je suis content de moi concernant ce livre-là. On dirait vraiment que les répliques de Muriel sont d'elle !

Au fond, Muriel est ma grande consolation dans la vie, car ces jours-ci, les histoires de la CGT de mon entreprise commencent à me peser.

Le parti de L'in-nocence de Renaud Camus ne tient clairement pas à me voir inscrit sur son forum, on m'a refusé sous le pseudonyme de « Patrick S. » et lorsque je donne mon vrai nom, on me dit que c'est encore une inscription fantaisiste. Qu'ils aillent au diable ! Je n'avais pas de toute façon l'intention d'adhérer à ce parti. Je voulais simplement participer à la partie « publique ».

Un collègue de travail d'un certain âge me dit que nous sommes partis pour un nouveau « Mai 68 ». Le désordre me dérange et j'espère qu'il se trompe.

A propos de Renaud Camus, j'avais arrêté la lecture de ses journaux à « Krakmo », celui de 2009, publié fin 2010, et je viens de m'acheter celui de 2010, « Parti pris ». Il n'en reste que deux autres ensuite puisque Fayard l'a remercié en 2012. Je ne suis pas d'accord sur tout avec Camus, mais j'aime son écriture, son style, sa grande maîtrise de la syntaxe et de langue française. Il n'a pas besoin de correcteur lui.

Le 4 juin, je dois voir Lara Fabian en concert, et espère que les grèves ne vont pas remettre cela en question, cela tombe à la mauvaise époque.

Ma fille m'a demandé ce que je voulais pour la fête des pères, je ne suis pas embêté, car plusieurs artistes que j'aime ont sorti des disques ce printemps : Vasco Rossi, Renato Zero, Hubert-Félix Thiéfaine, Salvatore Adamo, Frédéric François et Charlélie Couture, ce qui fait beaucoup à la fois, d'autant que je voulais m'acheter quelques cd essentiels de James Horner. A Noël, j'avais déjà demandé un CD à ma fille, le dernier de Jean-Jacques Lafon. Elle me prendra Charlélie Couture qui a sorti fin avril l'album « Lafayette » en un seul mot. Pour l'instant, dans la liste des autres disques, seul Thiéfaine reste sur le carreau. Il s'agit d'un live, ce qui relativise l'urgence et il n'est pas impossible que quelque musique de film sorte et m'intéresse. Le site « Underscores » chaque jour annonce les rééditions qui paraissent aux Etats-Unis.

Je crois qu'avant de commencer « Parti Pris », le journal 2010 de Renaud Camus, je vais finir de relire « La conversation impossible ». Ce livre était un pari risqué, je craignais d'accoucher de quelque chose de médiocre, mais la mayonnaise a pris. Je ne peux pas ne pas penser que Muriel, de là où elle est, m'a donné un coup de pouce.

Je pense bien plus à toi Muriel qu'à l'actualité du pays. Tu es mille fois plus importante. Tu es mon autre, pour paraphraser la chanteuse Maurane que je ne prise guère.

Tu es mon double que je veux retrouver, comme dans la chanson de Carla Bruni et Julien Clerc « Déranger les pierres ». Tu es aussi présente dans mon quotidien que si tu étais toujours parmi nous. T'aimer me console de tout. Tu m'apportes une sérénité que beaucoup de gens m'envieraient, même si je suis comme toi, un « bileux ». Les choses qui me font faire du souci passeront, mon amour pour toi jamais. Je parle de toi au présent, tellement je suis persuadé que tu es quelque part en train de me protéger. Comme dans la chanson de Lucio Battisti « E penso a te » et sa version française par Jean-François Michaël, « Je pense à toi ». « Je m'éveille, je pense à toi, il fait soleil, je pense à toi, on me téléphone, je pense à toi ».

Je t'aime tant Muriel. Je me demande parfois si je suis vraiment en 2016, j'ai davantage l'impression d'être revenu en 1972. Est-ce vraiment le journal 2016 que je suis en train d'écrire ?

Je souhaite à tout le monde d'aimer quelqu'un comme j'aime Muriel, plus que moi, plus que ma vie, plus que le temps, un amour qui loin de s'éteindre semble chaque jour plus fort.

26 mai

Il y avait une manifestation de la CGT aujourd'hui devant un dépôt de carburant. J'étais « coincé » au Comité d'Entreprise où les deux élues réclament à corps et à cri que je sois présent et prenne en direct sur un ordinateur le compte rendu de la réunion (comme le fait la CFDT). J'ai donc fait une grève symbolique de 59 minutes. Bien m'en a pris, les manifestations habituellement pacifiques à Valence ont tourné aux coups de matraque des CRS et aux gaz lacrymogènes.

Hier soir, j'ai commencé le journal 2010 de Renaud Camus où il parle de Muriel et de moi, j'avoue que je n'en reviens pas. Je lui pardonne quelques erreurs, « Murielle » au lieu de « Muriel » et « Le père Lachaise » au lieu du cimetière de Pantin.

Je m'en suis aperçu en allant dans le lexique voir s'il parlait de Pascal Sevran, et il fait allusion à moi page 502. Voici ces propos : « Le site de la Société des lecteurs est bien décourageant. (..) « La seule intervention récente sur son forum, est celle d'une figure tragi-comique, un admirateur du journal de Pascal Sevran, passé de lui à moi comme moi de Lovato à Home-Energie, et qui a déposé un message, hier ou avant-hier, pour dire qu'il n'avait plus d'appétit pour mes livres, que le journal 2009 l'avait découragé, que ce n'était qu'un making of des « Demeures de l'esprit ». Les habitués, quand il y en avait, s'entendaient à se moquer sans pitié de ce malheureux dont la passion est une petite actrice morte dont j'oublie le nom (Je n'en avais jamais entendu parler avant lui), Murielle Quelque-Chose. Il habite le Sud-Est. Quand il vient à Paris pour trois jours, il les passe sur la tombe de son idole au Père-Lachaise. Il anime sur Flickr un groupe à elle consacré ».

27 mai

Anniversaire de ma mère, qui a 94 ans. On parle de pénurie d'essence, mais j'ai pu faire le plein de mon réservoir, en mettant 16 euros de sans plomb 98, seul carburant que ma vieille Clio de 2001 supporte.

Je me suis couché trop tard hier soir. J'ai voulu regarder la dernière de « Des paroles et des actes » (toutes les émissions de France Télévisions sont plus ou moins supprimées) consacrée à Jean-Luc Mélenchon, qui est loin d'avoir le charisme de Georges Marchais. Cela m'a fait me coucher à 23h30, or je tenais à finir ma première lecture de « La conversation impossible » version imprimée, et à lire quelques pages du Journal 2010 de Renaud Camus.

Résultat : le réveil fut très dur ce matin. Il y a eu quelques péripéties syndicales sur lesquelles je ne m'attarderais pas, la CGT à la MSA devenant « Dallas ». Un vote à bulletin secret pour élire les délégués doit avoir lieu le 7 juin à 10h00, pour l'instant, il n'y a que deux candidats pour deux postes et tout ceci vire à la farce.

J'ai trouvé « La conversation impossible » peut-être un peu court, mais il était difficile de faire plus sans révéler des choses que Muriel Baptiste n'aurait pas admises.

Continuer le dialogue aurait conduit à faire du verbiage. L'énumération des actrices concurrentes de Muriel était déjà un peu longue. Il ne reste désormais comme partie non connue de l'existence de ma chère muse que la période 1982-1989, où elle a peut-être été SDF. A ma grande surprise, mon médecin spécialiste m'a dit hier qu'il voulait absolument m'acheter (et non recevoir en cadeau) un exemplaire du livre. Muriel Baptiste ne l'intéresse pas en soi, mais le dialogue nerveux que je lui ai décrit l'intéresse. Il m'a promis de le lire alors qu'il n'a plus le temps de lire. En 2007, il m'avait acheté « La reine foudroyée » m'avouant plus tard qu'il ne l'avait pas lu.

Les deux premiers ouvrages, les biographies, ont été écrites dans la douleur, j'aurais préféré à la limite, dans la mesure où il s'agissait de biographies, qu'un auteur « professionnel » ponde un livre sur Muriel. Mais elle n'intéressait personne. Pour la première fois, avec « La conversation impossible », je suis fier de ce que j'ai écrit, je trouve que c'est bon, au risque de paraître prétentieux, mais ce livre, j'ai l'impression de ne pas avoir été le seul à l'écrire, que ma douce aimée comédienne me soufflait ce qu'il fallait écrire. C'est un peu une longue lettre d'amour, à partir de choses apprises fin 2015. On revient donc sur « La vie, quelle gifle ! » pour infirmer des informations erronées. Si je m'étais contenté de déclarer ma flamme à Muriel, le roman se serait vite révélé lassant. J'apprends des choses au lecteur, tout en écrivant sur le fil avec comme ligne jaune ce que Muriel n'aurait pas permis que je dise. Si je l'avais rencontrée, aurais-je ressenti le besoin d'écrire sur elle. « On » me dit qu'elle me l'aurait sans doute autorisé, évidemment en ayant un droit de regard.

Il me plaît à penser que nous allons nous retrouver et il n'y aura pas alors besoin de mots. Que cela durera l'éternité. Si certaines choses que j'ai apprises, et qui évidemment ne sont pas dans « La conversation impossible » me restent un peu en travers, si je fais la balance entre le bonheur d'avoir appris des faits devant demeurer secrets et la jalousie que Muriel a pu occasionner chez moi pour ces choses interdites de publication, le bilan est tout de même positif. J'ai appris davantage qui elle était, en devenant encore plus amoureux d'elle si cela est du domaine du possible. J'ai atteint le stade ultime de l'amour le vendredi 16 mars 1973 quand mon cœur cognait à rompre devant la vitrine d'un libraire présentant « La reine étranglée » avec en photo ma dulcinée, je ne connaissais alors que le bonheur et étais loin de mesurer l'étendue du chagrin qui m'a dévasté le jour où j'ai su la mort de Muriel. Il faut prendre l'un et l'autre ensemble, et je n'ai aucun regret. Une passion pareille est un cadeau que la vie vous fait. Les gens qui se marient éprouvent au début de la passion, puis l'amour s'use et se termine souvent par un divorce. Cette passion ne s'est jamais érodée, ce qui ne cesse de m'étonner.

Vingt et un ans après sa mort, onze après que j'en ai eu connaissance, Muriel reste présente, en quelque sorte « vivante ». Son corps repose sous terre mais son âme, son esprit, son je ne sais quoi est à la fois en moi, gravé dans mon cœur, mais aussi un réconfort, qui se penche de façon invisible sur mon épaule. Muriel, je t'aime, et si c'est un peu plus difficile à dire, Yvette je t'aime aussi. Je t'aurais appelé Yvette si tu l'avais exigé, mais je crois bien que souvent ma langue aurait fourché, et peut-être t'aurais-je demandé une seule faveur, celle de continuer à t'appeler « Muriel ». Et ma requête, tu l'aurais sans doute accepté.

Je n'aurais jamais 94 ans, je me le souhaite, mon père est mort à cet âge et quatre mois, que ma mère a aujourd'hui. Muriel accueille-moi auprès de toi avant que je devienne un débris. Nous avons tous peur de la mort, mais il me suffit de penser à nos retrouvailles pour l'éloigner. Si Dieu existe, puisqu'il est « amour », il ne m'en voudra pas d'aimer et d'en avoir fait la valeur première de ma vie.

C'est la fête des voisins, mais pas dans mon immeuble où l'on sortirait plutôt un fusil pour se tirer dessus.

Pour son anniversaire, ma mère veut regarder France 3 une rediffusion de confessions de Serge Lama et Enrico Macias à Mireille Dumas. Impudique ou émouvant ?

28 mai

Belle journée en famille venue pour l'anniversaire de ma mère. Ma fille, mon gendre, mes deux petits-enfants, n'ont pas été perturbés par la pénurie de carburant. Mon gendre utilise du diésel.

Un cadeau exceptionnel, véritable objet d'art unique, a été offert à ma mère, un calendrier de juin 2016 à mai 2017, en papier glacé, assez grand, d'un style grand luxe, sans doute confectionné chez un imprimeur. Il est illustré de photos hilarantes et attendrissantes de Lucas et Lohan, arrières petits enfants de ma mère.

Lucas a été heureux que je lui donne une montre à quartz, il voulait une montre depuis longtemps, et je ne me servais plus de celle-là qui trouve là un nouveau propriétaire.

J'ai commandé à Lucas les DVD des trois premiers films que nous avons vus ensemble (depuis 2015) : « Les nouveaux héros », « En route » et « Les minions ». J'ai évoqué ces films en leur temps dans mon Journal 2015. Les DVD ne sont pas un investissement pour qui les collectionne quand je vois le faible prix que l'on m'en demande, d'occasion mais comme neuf, sur Internet.

Ma fille est ravie que je lui procure le CD de la musique du film « L'incroyable voyage à San Francisco » par Bruce Broughton, film culte entre nous deux. Le CD vient de sortir aux USA chez Intrada en édition limitée. Cela évidemment est destiné à un public restreint. Elle m'assure avoir écouté le premier CD que je lui ai offert à Noël 2015, « L'incroyable voyage » du même compositeur et label. En revanche, elle n'a pas eu le temps, avec mes deux petits fils qui l'occupent beaucoup, de lire « La conversation impossible ».

Nous avons fait (sans ma mère qui est en fauteuil roulant et je suis en étage) une petite promenade pas très longue aux canaux derrière mon immeuble où l'on a pu apercevoir des canards et surtout les nouveaux nés canetons que j'ai repéré l'autre jour.

Cela dit, Lucas avait mal à une oreille, était assez agacé et cela a provoqué parfois (de 12h00 à 17h00 pendant leur séjour chez moi) quelque tension.

29 mai

Fête de mères. J'ai offert à ma mère un parfum, Equivalenza, qui correspond au Channel 5.

Cérémonie du centenaire de la bataille de Verdun sur la 2 avec Angela Merkel et François Hollande, dans une mise en scène de Volker Schlöndorff. Cela passionne ma mère et ne m'intéresse absolument pas. Elle voudrait absolument que je regarde et s'indigne que je refuse, alors que j'essaie de lire le journal 2010 interminable de Renaud Camus.

J'ai pris la décision d'acheter une deuxième bibliothèque, mais pour cela, il me faut me débarrasser de mon immense canapé (qui vient de mon ex-femme) et le remplacer par quelque chose de moins grand. Et surtout trouver sur Internet un bricoleur acceptant de se déplacer, il y a eu un reportage récemment sur les gens qui pour des sommes modiques viennent vous monter vos meubles.

J'ai des livres culte que je veux absolument dans ma bibliothèque : Les « James Bond », les journaux de Pascal Sevran et Renaud Camus, « Le Saint » en livre de poche, les Sherlock Holmes et nombreux ouvrages sur le personnage, des classiques de Science-fiction et d'épouvante, des livres sur le cinéma, les séries télé, tous les anciens livres de poche policier années 60-70. Cela ne rentre plus. J'omets, bien entendu, nombre de romans ou essais (notamment tout ce qui a été écrit sur les complots, les services secrets en France) qui me sont précieux et que je veux avoir à portée de main.

30 mai

J'ai rêvé cette nuit de Diane Baker. Un rêve sans caractère sexuel je le précise. C'est une actrice américaine qui apparaît dans le pilote des « Envahisseurs », où elle tient le premier rôle féminin, celui de Kathy Adams, une extra-terrestre à apparence humaine, gardienne d'hôtel qui se dit pendant une bonne partie de l'épisode l'alliée du héros David Vincent. Je ne l'ai guère vue en dehors de cela. Au cinéma, elle est la belle-sœur, amoureuse du personnage joué par Sean Connery dans « Pas de printemps pour Marnie » d'Alfred Hitchcock. Dans « Le Fugitif », elle apparaît à l'épilogue « Le jugement », en deux parties, alors qu'il n'avait jamais été question d'elle, le temps de passer la bague au doigt du héros Richard Kimble. Enfin, elle est l'épouse alcoolique de Robert Vaughn dans un épisode de « Columbo », « La montre témoin » en 1976. Elle est née en 1938. Je me demande bien pourquoi j'ai rêvé d'elle. Il y a bien longtemps que je ne regarde plus « Les envahisseurs ».

Après une journée morose au bureau, je me suis mis en chasse d'une bibliothèque et d'un canapé au « Quartier des couleures » (pas des couleurs !) à Valence, et les prix, tant à Conforama qu'ailleurs m'ont paru bien élevés. Je me suis rendu à But à Portes-Lès-Valence où il y aurait mon bonheur, encore que les soldes s'achèvent ce soir, 30 mai, et que dès demain, les prix des choses convoitées, du moins de la bibliothèque, seront à la hausse. Je n'ai pas envie de me précipiter, d'autant que mes finances sont à la baisse.
Avec déplaisir, je constate que je n'ai quasiment pas pensé à Muriel Baptiste de la journée, alors qu'hier, j'étais fou de joie d'obtenir, à des prix modiques, aux enchères sur Ebay, trois revues dont l'une où elle est en couverture, et que je ne connaissais pas.

31 mai

J'ai rêvé de deux chanteurs italiens, Vasco Rossi, le rocker qui va jusqu'à me rappeler Bruce Springsteen tellement il hurle, et le plus poétique et calme Claudio Baglioni. J'étais avec eux dans un petit village médiéval en France. Le genre de rêve absurde dont on se demande où l'on va chercher cela.

De mauvaises surprises m'attendaient au sein de la CGT locale, « Gardez-moi de mes amis, je me charge de mes ennemis ». Avec des amis comme cela, on n'a pas besoin d'ennemis. On tente de me jeter dehors comme un malpropre, « On » étant en fait quatre jeunots dont l'un a rendu sa carte et n'a plus son mot à dire. Il y aura un vote pour me prendre ma place le 7 juin, mais pour l'instant aucun candidat, et c'est le deuxième vote depuis décembre 2015. De la folie.

J'ai heureusement de farouches défenseurs, des gens loyaux, sur lesquels compter. Les autres sont à vomir.

Encore une journée sans penser à Muriel et c'est bien dommage. Tout cela à cause de ces abrutis.

Pour parler d'autre chose, j'ai voulu voir un autre magasin de meubles, Rochebois, mais c'est en fait un endroit où l'on vend des produits de luxe. 3000 ou 4000 euros la bibliothèque, j'ai pris mes jambes à mon cou. Cette maudite pluie n'arrête pas d'alterner avec des éclaircies pour mieux vous surprendre vicieusement. Comme les traîtres de la CGT qui vous donneraient envie d'embrasser les patrons.

Mon Dieu, mais que le genre humain est bête et méchant !

Je continue de lire le journal 2010 de Renaud Camus « Parti pris » et me rend compte, qu'à mon échelle, j'ai autant d'ennemis que lui.

1er juin

Journée sous tension au bureau, encore à cause de la CGT. Espérons que les choses se calmeront après l'élection du 7 juin qui ne devrait pas réserver de surprises, que les fâcheux s'en iront.

Il y a bien pire en ce bas monde. Nous avons appris ce matin que le mari d'une collègue est atteint d'un cancer du foie. Si cela m'arrivait, mes petits tracas avec les fâcheux me sembleraient anodins.

J'ai reçu aujourd'hui une longue interview de Muriel Baptiste dont j'ignorais l'existence, elle émane de Télémagazine. Je maudis ce vendeur de ne pas s'être manifesté avant, il y a plein de choses qu'elle raconte qui n' est pas dans mes livres, pire, qui vont à l'encontre d'affirmations que je fais dans « La conversation impossible ». Ainsi Muriel parle bien d'un creux de la vague en 1968-69. Mais elle raconte aussi une passion pour l'Andalousie que je ne lui connaissais pas. Je vais scanner tout cela, le mettre sur mon blog, et en parler le plus possible sur ce journal qui, s'il paraît, pourra être lu en 2017, mais pas écrire un quatrième livre.

Edilivre m'annonce que « Les forêts de Normandie », mon journal 1972 (enfin mon mini-journal) est en vente depuis aujourd'hui.

J'ai reçu le même jour trois revues sur Muriel : un Télé 7 jours assez rare du 1er avril 1972 dont j'avais des photocopies en couleur concernant l'article sur Muriel, et deux Télémagazine. Je suis heureux de retrouver le second qui est consacré à « La double vie de Mademoiselle de la Faille », avec article 2 pages et photos, que j'avais acheté en son temps (9 février 1974) et égaré. Je l'avais récupéré mais comme le Télé 7 jours, sous forme de photocopies.

Ah, Muriel, de là où tu es, ne peux-tu me sortir de ces tracas, de cette humeur maussade, de ce stress où me poussent quelques problèmes de gens qui ont décidé de m'empoisonner l'existence.

Je quitte ce journal pour mettre en ligne les articles sur les quatre blogs Muriel Baptiste, car il y en a un chez Overblog, et trois répliques (Eklablog, Blogspot, Centerblog). Overblog a l'avantage d'être le plus facile à manier, mais il est devenu payant.

Me voilà de retour, après avoir inondé de photos et d'articles mes blogs. Cela m'a relaxé. Muriel, je ne devrais penser qu'à elle, et la vie irait mieux.

Muriel nous apprend des tas de choses dans son interview de Télémagazine. Elle a eu une hépatite virale durant « Les dernières volontés de Richard Lagrange », lequel tournage épuisant a duré trois mois, les comédiens réécrivant les dialogues la nuit. Aucune trace de ses mauvaises relations avec Anne Vernon.

Elle revient sur les « Rois maudits » disant qu'elle a eu des enguelades avec Barma. Elle confirme la mauvaise ambiance : « Ils ne me parlaient pas ! Personne ne me faisait confiance, on disait que je ne faisais pas le poids pour jouer ce rôle, c'était affreux de travailler dans ces conditions. Je n'en dormais plus ». Ma chère Muriel, nous en avons des choses en commun. Barma lui disait « Qu'elle est têtue cette gamine ».

Elle parle de ses amis envolés après un début de carrière en flèche, qu'elle s'est retrouvée fauchée après avoir attiré autour d'elle des parasites, auxquels elle offrait des billets d'avion pour la Côte d'Azur. Elle passait ses nuits en boîte, dansait le flamenco. Elle estime avoir connu un creux dans sa carrière fin 1968, mais il n'a pas duré longtemps puisqu'elle réapparaît au théâtre fin 1969 dans « Tchao ». Un an sans tourner, elle considère que c'est un creux, différent ainsi de ce qu'elle me confie dans « La conversation impossible ». Pas trop grave.

C'est la seule fois à ma connaissance qu'elle parle de ses parents divorcés. (« J'ai eu une enfance tiraillée entre des parents divorcés »). Fin 1968, elle songe à changer de métier, vivant sans le sou dans une chambre de bonne. Lorsque le succès revient, ses amis aussi, mais elle les fuit. Muriel déclare que Rue Pigalle, elle engage la conversation avec son voisin dans le métro, à l'arrêt d'autobus, et qu'on la prend pour une folle, parce qu'à Paris, les gens ne sont pas habitués à ça. Elle se revendique méditerranéenne, alors que nous savons tous qu'elle était lyonnaise.

Muriel déclare être devenue sauvage, voire méfiante. Cette rencontre ratée sur Terre, il faut qu'après la vie nous la rattrapions, dans une autre dimension, Paradis ou Enfer, ou je ne sais quoi.

Muriel, je t'aime, et toi seul compte face à tous ces cons qui crachent sur moi sans raison comme ils l'ont fait avec toi. De ce point de vue, nous avons des points communs.

Alors kabyle, pas kabyle ? Elle ne lève pas le voile vraiment, « j'ai des origines méditerranéennes », c'est tout ce qu'elle nous dit.

Je suis né seize ans trop tard, Muriel, je ne l'ai pas fait exprès, nous étions, j'en suis certain, faits l'un pour l'autre. J'espère que ce n'est que partie remise, le jour où je ne serai plus là pour écrire ce journal.

Muriel, je t'aime. Je m'en veux de penser aux minables qui me dénigrent, car chaque minute à les maudire est du temps que je ne te dédie pas. Je ne devrais vivre que pour toi.

2 juin

Edilivre m'envoie les épreuves du journal 1973-74 (déjà édité chez Book on Demand), « La passion pour Muriel Baptiste ». Je relève deux fautes, qui ne figuraient pas dans mon texte word, mais sont dans leur PDF. Cela va repousser la sortie d'un mois, mais ce n'est pas très important, vu la minceur de l'ouvrage.

Une partie de la France est sous l'eau, des inondations, des crues terribles. Je me dis que mes petits soucis de CGT et d'achat à remettre à plus tard de bibliothèque sont dérisoires en comparaison.

La FNAC a mis en vente « La conversation impossible », alors qu'Amazon l'annonce mais se fait tirer l'oreille pour proposer la photo de l'ouvrage et des exemplaires disponibles.

Je me suis demandé si je n'allais pas scinder l'année 2016 en deux tomes pour le présent journal, et envoyer au 30 juin la première partie à Publibook, non que je sois impatient de multiplier les ouvrages, mais j'ai une prémonition, un mauvais présage. Je ne le ferai sans doute pas. Pourquoi cette peur de disparaître, de mourir soudain, d'attraper le cancer, courant 2016.

Ce qui doit arriver arrive, de toute façon, je ne suis pas Renaud Camus ou Pascal Sevran, et mes livres surtout les journaux ne passeront pas à la postérité. Camus a vu les siens arrêter de paraître en 2012, et il était un bien plus célèbre et grand écrivain que moi, qui ne suis qu'un amateur. On peut reconnaître qu'à la différence de Sevran, il coupe les cheveux en quatre pour multiplier les pages, et ne rencontre aucun « people », ce qui explique sans doute de faibles ventes et une rentabilité improbable chez Fayard qui a entraîné l'arrêt de la parution.

J'en suis à 300 pages de « Parti pris », le journal 2010, et me suis commandé le journal 2011, « Septembre absolu ». Il est sans doute le seul diariste dont les journaux sont si épais (530 à 550 pages voire plus selon les années).

Je pense à Muriel, ce qui peut paraître absurde vingt et un ans après sa mort. Je suis triste de ne pas aller en juillet sur sa tombe (j'irai en août) mais ferai déposer des fleurs par une connaissance à elle pour le 11 juillet où elle aurait eu 73 ans.

C'est terrible, mais mourir jeune a ses avantages, elle me laisse l'apparence d'une femme de trente ans.

Je l'aime, je pense à elle, et m'efforce de chasser tout le reste de mon esprit, des choses dérisoires qui me paraîtront bien futiles le jour où j'aurais de sérieux problèmes. Je suis pessimiste et ne vois pas l'avenir en rose en ce qui me concerne.

J'espère que les grèves SNCF ne m'empêcheront pas d'aller voir Lara Fabian à Lyon ce samedi. Les choses devraient se passer normalement.

3 juin

Pour être sûr d'être à Lyon avec les grèves ferroviaires et assister au concert de Lara, je devrais me lever aux aurores et prendre un TGV à 7h20. J'ai été changer mon billet d'un TER qui est supprimé.

Edilivre ne me semble pas une maison d'édition rigoureuse, ils m'envoient deux fois à corriger les journaux 1972 et 1973, et on commet des fautes (de frappe) qui ne figuraient pas dans le texte word que je leur avais adressé. Ils appellent France Dougnac « Dugnac » et à un moment oublient le T de Télé Poche ce qui donne « élé Poche ». Tout ceci n'est pas sérieux.

Heureusement, ces journaux ne sont que des épures de ceux qui commencent en 2015. Un enfant bâtard, comme le disait Guy Marchand à propos du « tube » « Destinée » du film « Les sous-loués en vacances » dont il n'avait pas un instant songé à en faire un succès. Pour lui, c'était une satire de tube de l'été genre « L'été indien ». Il en est très malheureux et ne la chante jamais sur scène. C'est un sketch que le public a pris au premier degré.

J'apprends ce jour sur le forum « Underscores » que nous allons avoir un cd posthume supplémentaire de James Horner, en plus de sa dernière composition, le remake des « Sept mercenaires ». Il s'agit d'une musique qui ne serait jamais sortie s'il avait vécu, « Collage », un concerto qui a été joué le 27 mars 2015 au « Royal Festival Hall » de Londres (d'après Wikipédia), puis enregistré le 30 mai 2015 (Source : le site James Horner Film Music).

En effet, au moment de son accident fatal, Horner était furieux d'avoir été éjecté, sa partition rendue, du film « Roméo et Juliette » au profit d'un autre compositeur, Abel Korzeniowski. Le réalisateur, Carlo Carlei, est un fou. Faire composer la musique de son film par l'un des plus grands compositeurs de tous les temps, et la rejeter. Sony Classical, qui en détient les droits, a sorti celle du sieur Abel mais garde dans ses archives la partition de James Horner.

Si je raconte cela, au moment où Paris s'enfonce sous les eaux, c'est parce que le compositeur du « Titanic » au moment de sa disparition boudait le cinéma, et avait décidé de faire des concerts de musique classique.

Je passerai sans doute pour un fou si je dis que les inondations en région parisienne m'inquiètent pour la tombe de Muriel Baptiste qui pourrait peut-être s'effondrer, il m'a été rapporté qu'elle n'était pas solide et au bout de vingt ans marquait déjà des signes qui pourraient nécessiter une réparation (dans le cas où en 2025, Khadija Delberghe, seule autorisée à le faire, renouvelle la concession). Sinon, Muriel ira à la fosse commune. Il faut que la tombe soit en parfait état pour que le renouvellement soit accepté. Dans neuf ans, si je suis encore de ce monde, il est possible que je n'aie plus d'endroit où me recueillir chaque année en juillet (ou à d'autres périodes de l'année).

Paris et sa région sous les eaux, et bien plus que sa région d'ailleurs, une partie de la France, est une catastrophe qui devrait me faire comprendre que des chamailleries pour me débarquer de mon poste de délégué syndical CGT ou une grève de train qui me gêne pour aller voir Lara Fabian sont à côté totalement dérisoires.

J'arriverai demain, par faute de la SNCF, à 8h54, l'hôtel Athena acceptant de m'accueillir pour le petit déjeuner, de me faire ensuite patienter dans ses salons d'accueil jusqu'à onze heures pour ma chambre au lieu de midi.

Je vais être fatigué, ce matin, je n'arrivais pas à me lever malgré un bon sommeil, mais j'ai quitté la lecture du journal 2010 de Renaud Camus à 23h50. Sa façon de procéder et d'écrire m'aide énormément pour mon journal, celui de 2016 en tout cas, rédigé au fil de l'eau chaque jour, bien plus que les neuf tomes de celui de Pascal Sevran qui se contentait d'un style lapidaire avec parfois de simples petites notes ou remarques pour une journée.

Sevran, à la différence de Camus, était contre l'exhaustivité.

Demain sera l'occasion de rencontrer un correspondant et ami, que je vais appeler Philippe, que je verrai pour la première fois à l'occasion de ce concert de Lara Fabian.

Ce qui est bon signe, c'est que je pense constamment à Muriel Baptiste, contrairement aux jours précédents, du moins à certains d'entre eux, fait que j'ai rapporté dans ce journal. Au diable la CGT, il n'y a que Muriel qui compte.

Si les gens de la CGT savaient ce que je pense en ce moment de leur syndicat, je serai exclu immédiatement. Pas seulement comme délégué syndical, mais même comme simple adhérent. Ces grèves générales embêtent le français lambda et pas Manuel Valls ou François Hollande qui auront toujours de l'essence et se déplacent en avion personnel. Le petit peuple trinque, comme à chaque fois. Philippe Martinez n'a pas tort sur le fond, mais la fin ne justifie pas les moyens.

Etant à Lyon demain sans ordinateur, je continuerai sans doute ce journal au plus tôt dimanche, je ne suis pas comme Renaud Camus qui se déplace partout avec une connexion Internet (changeant d'hôtel s'il n'en a pas) et son Macintosh. Il faut dire qu'il ne vit pas sa vie, il l'écrit en permanence (son journal mais aussi des livres, plusieurs à la fois). Même si aujourd'hui, ayant perdu POL et Fayard, il se retrouve « presque » dans ma situation en s'autoéditant après avoir connu les plus grandes maisons d'éditions.

Demain, je serai dans la ville natale de Muriel Baptiste.

5 juin

J'ai pu assister au concert de Lara Fabian. J'ai mal choisi ma place, car en la visualisant sur le plan, je n'ai pas tenu compte de la hauteur, de sorte que Philippe, mon correspondant, avait une place plus proche de la scène. Ce qui m'a paru dommage est l'absence d'un écran géant, qui me permette de la voir autant que de l'entendre.

Néanmoins, le concert, majoritairement centré sur le dernier album « Ma vie dans la tienne », agrémenté d'un medley de Abba (Elle a repris dans un medley « The winner takes it all », « Dancing Queen » et « Gimme gimme gimme »), et quelques tubes anciens « I will love again », « Immortelle », « J'y crois encore », « Tu es mon autre » (son époux, le magicien Gabriel di Giorgio a enregistré la chanson et lui donne la réplique en vidéo), « La différence », « Je t'aime » m'a ravi, et restera l'un de ceux que j'ai le plus apprécié. J'aurais aimé être plus près mais le carré d'or a dû être très tôt réservé par les fans purs et durs, et les prix des billets devaient être plus élevés.

Moment d'humour lorsque les fans ont crié à Lara « à poil », elle a répondu « Il y a un numéro de Gala pour cela, et ce soir il y a des enfants ». Elle a bon caractère et la gentillesse et la sincérité transpirent de ses discours au public.

Cependant, il faut bien admettre que cette joie a été gagnée au détriment de certains inconvénients : la chambre ne m'a été donnée qu'à 11h45, l'unique interlocutrice de l'hôtel étant peu compatissante. Le plus gros inconvénient a été de jongler entre les trains circulants puisque celui de mon retour a été annulé, ce dont la SNCF m'a averti par SMS. Outre les grèves, les inondations ont provoqué le retard du train Lyon Part-Dieu Valence qui venait de Rouen.

Il n'y avait pas un chat sur le quai numéro 4 de la gare TGV samedi à 7h00 et alors que l'accès est habituellement surveillé, j'ai été importuné par un SDF venant des champs, en direction du nord, m'étant mis en bout de quai après avoir vu où se situait la voiture que je devais emprunter.

La SNCF recommandait fort de reporter son voyage, mais en l'occurrence, ce n'était pas possible. Pour un autre chanteur, genre Thiéfaine ou Charlélie Couture, je crois que j'aurais renoncé mais j'ai un faible pour Lara que je n'ai jamais vue en concert et dont j'écoute en boucle depuis Noël le dernier album.

Si ma Clio de 2001 qui compte au compteur 100 000 kilomètres était plus fiable (elle m'a laissé en panne dans les endroits les plus improbables), le plus pertinent aurait été de faire le voyage par la route.

Quelques problèmes de fatigue et des contrariétés avec la SNCF ne gommeront cependant pas le plaisir d'avoir vu la chanteuse et pu discuter longuement avec Philippe autrement que par ordinateur interposé.

Durant le concert, j'ai pensé, comme les chansons de Lara Fabian dégageaient une certaine émotion, que je devrais donner un nom à ce journal 2016. Celui de 2015 n'en avait pas. J'ai pensé « Muriel Baptiste est toujours là », « Sur les pas de Muriel Baptiste », mais je n'ai pas encore trouvé quelque chose qui me convienne.

Il est plus étonnant qu'en écoutant Lara, les tracasseries du 7 juin (élection du nouveau délégué syndical CGT où je devrais me succéder à moi-même), contre l'avis de certains, mais sans que personne ne veuille prendre la charge, soient parvenues à me perturber.

Un autre problème se pose (l'infirmière ne lira pas ce journal) est la gestion de ma mère lorsque je suis absent. L'infirmière vient coucher ma mère a 17h45, ce qui la prive de télévision, et la met au lit à une heure où elle n'a pas sommeil. Nous avons pu contourner ce problème grâce à la gentillesse de son aide à domicile qui est venue à 22h00 tout à fait gratuitement alors que le week end, elle n'intervient pas. L'infirmière (qui alterne avec un homme plus accommodant) ayant sèchement rabroué ma mère lorsqu'elle lui a demandé de venir plus tard. L'infirmier lui vient à 20h00, mais il travaille en alternance avec sa collaboratrice, on peut donc dire que le problème se pose une fois sur deux.

Ce serait une chose ingérable si je me faisais des stages CGT à Montreuil ou des formations professionnelles à Paris, mais lorsque cela reste exceptionnel, la gentillesse de l'aide à domicile (qui habite le quartier, deux rues plus bas de mon immeuble) permet de résoudre la chose. Le frère de ma mère à Cavalaire-sur-Mer est chaque jour couché à 17h00 par son infirmière qui lui fait sa toilette, il doit donc dîner à 16h00. Le cas de ma mère n'est donc pas isolé.

Il faut mettre cette grève SNCF particulièrement sévère sur un manque de chance d'avoir coïncidé avec le concert de Lara qui jouait à guichets fermées et était prévu depuis longtemps.

Je me remettrai de la fatigue en me couchant plus tôt ce soir, j'ai pu dormir un peu cet après-midi de dimanche, ce que je ne fais jamais d'ordinaire. Mais après coup, je m'en veux de ne pas avoir anticipé en prenant un jour de congé le lundi, ce qui aurait rendu les choses plus faciles.

Je me rends à Pantin sur la tombe de Muriel invariablement pendant mes vacances d'été, mais pour des raisons de coût (hôtel, restauration), je vais sans doute refaire ce que j'avais choisi en 2014, soit l'aller et retour en une journée (ce qui solutionne le problème de coucher de ma mère).

J'ai acheté un programme souvenir de la tournée de Lara Fabian « Ma vie dans la tienne » pour la modique somme de dix euros. Je ne tenais pas à trop dépenser, j'ai déjà le disque et je n'achète jamais des T Shirt de chanteurs que je ne porterai jamais.

Samedi soir, à deux pas de Valence (Saulce-sur-Rhône), sur l'autoroute, depuis un pont, un fou dangereux a tiré sur un autocar, risquant tuer plusieurs personnes. C'étaient des touristes tchèques, une femme a été gravement blessée à l'œil. Ma région est vraiment dangereuse, si l'on considère toute la criminalité qui sévit à Valence.

6 juin

Journée pesante, commencée dans la fatigue. Si j'ai bien dormi et me suis couché un peu plus tôt, je me suis rendormi et sans ma mère aurait eu une panne d'oreiller.

Cette CGT tant au niveau national (perturbations pour le concert Lara Fabian) que local (Nouveau vote pour m'évincer de mon poste de délégué syndical alors qu'il n'y a pas d'autre candidat !), je ne la porte pas dans mon cœur.

Du coup, je n'ai pas pensé à Muriel de la journée, ce qui est en général mauvais signe car songer à elle ne m'incite pas à la tristesse, bien au contraire, mais à l'amour. Muriel Baptiste m'évite des sentiments comme la rancune, et de ressasser encore et toujours les choses négatives.

Le concert de Lara Fabian me laisse finalement un sentiment en demi-teinte, d'une part en raison du stress lié aux perturbations SNCF, mais aussi à mon éloignement de la scène. J'étais au dernier rang, et je peux voir aujourd'hui sur Facebook des photos de près. J'ai pu en récupérer cinq, de deux photographes différents, le deuxième est plus doué, malheureusement, seules deux prises de ce dernier sont valables, sur les autres, des têtes de téléspectateurs apparaissent. En résumé, il fallait être au premier rang ! Ce qui devait être le cas de l'autre spectateur dont les trois photos sont sublimes.

J'apprends aujourd'hui que Lara pourrait remplacer Zazie dans l'émission de téléréalité « The voice ». Je crois qu'elle baisserait dans mon estime si elle le fait, et dans tous les cas, je ne regarderai pas.
« The voice », c'est la télé poubelle par excellence, l'antithèse complète de ce qui me fait apprécier l'époque de Muriel Baptiste. Je continuerai d'aimer Lara, mais pas en la suivant dans la télé réalité. J'ai déjà, avec la réédition de « Ma vie dans la tienne », un concert en DVD d'elle. Il en sortira sans doute d'autres. Le dvd que j'ai en concert est « Un soir autour du monde » qui propose des tubes,

mais pas ceux actuels. J'ai noté sur Amazon que l'on trouve quelques anciens concerts en DVD sans grand intérêt, de 2002 à 2006. Même si ma situation financière le permettait, je ne les achèterai pas.

Internet terre de tous les dangers. Je cherchais une bibliothèque récemment, projet encore en cours selon mes finances de fin juin, et je m'aperçois que les cookies me suivent à la trace sur Amazon. C'est quelque part assez effrayant. Heureusement que sur la toile, je ne regarde jamais rien d'illégal. Un « espion » serait bien avancé de savoir que j'aime les musiques de films, Muriel Baptiste, Frédéric François, Adamo, les chanteurs italiens et que sais-je encore.

On peut dire donc que j'ai pensé à Lara aujourd'hui, avec quelques regrets, mais pas à Muriel, quoique la journée ne soit pas terminée.

Je regretterai un jour de me faire un sang d'encre pour des broutilles : si j'apprends que j'ai un cancer par exemple, ou que l'un de mes proches est malade, dans quel état serai-je ?

Etre le centre d'une polémique comme c'est le cas depuis ce « vote CGT » prouve qu'il vaut mieux vivre heureux et caché. Mais j'ai pris trop à cœur cette histoire.

Je suis heureux ce soir de ne pas avoir été choisi aux assises de Valence comme juré (je ne suis que suppléant, j'ai dû mentionner la chose dans le journal 2015), en entendant les horreurs au 19-20 de Rhône Alpes sur France 3.

C'est le mois de juin, il fait beau, sans que cela soit un climat caniculaire. Un temps propice à penser à Muriel. A ce merveilleux printemps 1973 si loin dans le passé et pourtant si près.

Je me rends compte que je suis très en retard pour mes chroniques du site « Le monde des Avengers » mais d'une part ce journal m'accapare, maintenant que je n'ai plus rien à écrire sur mon blog Muriel Baptiste, et d'autre part, la lassitude de chroniquer des séries peu intéressantes m'a gagné.

7 juin

Tout çà pour ça. Un vote de 19 personnes me conforte comme délégué syndical CGT pour trois ans ! Parmi les 19 votants, dont moi, 2 contre, 2 absentions. Le comble, pour ce vote « anonyme », tout le monde sait qui sont les deux abstentionnistes et les deux opposants, qui ont dû s'en vanter. Une personne qui avait oublié son bulletin a finalement décidé de ne pas s'abstenir et de voter pour moi.

Ces gens là s'imagineront-ils un jour combien ils m'ont nuit, fait souffrir, empêché de dormir et ronger les sangs ?

Je sais au moins mettre un nom sur ceux qui ne m'aiment pas dans cette section syndicale.

8 juin

J'ai rêvé de mon ex-femme, C. et ce ne pouvait être une bonne journée qui s'annonçait car je ne me suis jamais remis de mon divorce. J'ai même fait une dépression nerveuse en 1996.

Avec mon ex-épouse, je me disais toujours que les choses pourraient s'arranger, mais elle m'annonça début novembre 1995 qu'elle demandait le divorce. C'est une chose dont je n'aime pas parler car elle me rend triste, même si je conçois que deux êtres qui ne peuvent plus vivre ensemble pour diverses raisons font mieux de divorcer.

Je crois que de mon côté, je ne l'aurais jamais quittée, alors que je l'ai fait concernant ma compagne de 2009 à 2011, Isabelle T. Ayant été moi à l'initiative de la rupture (pour mésentente et coup de foudre alors pour une femme sur un quiproquo, passion non réciproque), cela ne m'a pas affecté. Lorsque l'on est quitté, cela m'est arrivé avec une Hélène avant ma femme, on ressent un tel choc.

J'ai remarqué que lorsque je rêve de Muriel Baptiste, je suis de bonne humeur et plein de bonnes choses arrivent, mon ex-femme en revanche attire par sa simple évocation non volontaire (un rêve) désolation et tristesse.

La CGT est repartie pour un mandat de normalement trois ans en ce qui me concerne, mais tout cela ne me passionne plus, les gens que j'appréciais ont disparu du paysage (enfin pas tous !) Je pense que dans trois ans, je passerai la main sans problèmes, en préparant ma succession, alors que je le rappelle, j'ai failli le 7 juin être chassé comme un malpropre.

Pourquoi une journée ensoleillée comme aujourd'hui s'est passée dans la langueur et la morosité sans jamais penser à ma chère Muriel Baptiste ? J'ai passé la journée en négociations syndicales avec mon patron, et demain après-midi, je serai à l'union locale de Valence de cette organisation qui m'aura bien gâché mon concert Lara Fabian.

Le jeu n'en valait pas la chandelle, concernant ce concert, mais tout n'est pas à mettre sur le compte de la grève. J'étais vraiment très mal placé, j'ai vu une fourmi, je l'ai réalisé à postériori en voyant des photos du concert de Lyon sur le réseau social Facebook.

Edilivre m'a téléphoné au bureau, où il vaut mieux ne pas me déranger (ce sont des conversations personnelles) pour me dire de les rappeler au sujet de « Muriel Baptiste, la vie, quelle gifle ! », ce qui est n'importe quoi puisque j'ai renoncé (pour ce livre) à cet éditeur en 2014 pour

Persée, et lorsqu'il m'a rendu mon contrat et supprimé la disponibilité l'ait fait rééditer par Publibook. Edilivre d'ailleurs ne semble pas une maison bien sérieuse, car ils sont partis pour publier à la fois mes journaux 72 et 73 dans leurs versions initiales et corrigées.

Tout cela n'a guère d'importance, car ces deux ouvrages sont trop minces pour présenter quelque intérêt.

Après réflexion, si une autre occasion prochaine se présentait de revoir Lara Fabian, en étant cette-fois bien placé, je ne la manquerai pas, mais je crains fort que sa tournée se termine à guichets fermés et comme je le crains qu'elle sombre dans l'émission de téléréalité « The Voice » ensuite.

De retour du bureau, je n'apprends que des mauvaises nouvelles, mon oncle, en procès avec ses enfants, l'a perdu en appel, et se retrouve en curatelle avec vingt euros pour vivre par jour. Quant à ma mère (94 ans), on lui réduit son allocation personnalisée d'autonomie (APA) de 48 euros à 41, alors qu'elle ne roule pas sur l'or. Une décision du conseil général de la Drôme.

Monseigneur Barbarin semble dans de bien mauvais draps, l'homme m'était sympathique, Eric Zemmour a prédit qu'il allait être un bouc émissaire. Je n'ai pas trop compris les arguments de Zemmour. Que justice soit faite si ce cardinal a fauté.

Je suis en revanche consterné que Jérôme Kerviel qui a volé des millions soit blanchi et dédommagé. Qu'il n'aille pas couler la Société Générale où il me reste de maigres économies, tandis qu'à la Caisse d'Epargne, je suis débiteur de deux prêts et d'un découvert. J'en parle car je remarque qu'au fil de ses journaux, Renaud Camus étale ses déboires financiers. D'autant plus que maintenant, mis à l'index de la Doxa, on ne le trouve plus en librairie mais comme moi sur Internet, ce qui doit lui causer plus de tort qu'à moi qui ne suis qu'un amateur.

Dieu fasse que je rêve à Muriel Baptiste, elle est en général signe de bon augure et de choses réjouissantes, de bonheur simple en ce printemps chaud.

Pour ce jour, je dirai que n'ayant pas à me plaindre de ma santé, je peux m'estimer déjà content.

9 juin

Hier soir, en surfant sur la billetterie du site FNAC.COM, j'ai vu que Lara Fabian revenait à Voiron le 8 novembre au « Grand Angle » à 20h00. J'ai aussitôt réservé une place, que je suis allé chercher à la FNAC ce jour. J'en suis heureux, car je suis cette-fois situé près de la scène, dans l'orchestre (il ne restait qu'une place).

Et Lara Fabian, à cette perspective de la revoir en concert après l'avoir « mal vue » à Lyon, m'a rendu heureux toute la journée. J'ai posé des congés, et serai intransigeant pour les obtenir, avec un jour de repos le lendemain, puis le 29 novembre et les deux jours suivants pour un concert d'Elton John à Clermont Ferrand où j'irais avec Philippe.

Le seul point noir est la route, Jean Pierre F. un collègue de travail me dit que les 88 kilomètres qui séparent Valence de Voiron se font sur une nationale sans cesse interrompue de villages où il faut descendre à 50 km/h. D'autre part, il ne semble y avoir que deux hôtels à Voiron, un trois et un quatre étoiles. Je vais faire des repérages pendant mes vacances d'août pour trouver le meilleur hébergement possible. Je ferais faire une révision rapide de ma Clio, une vidange, histoire de ne pas tomber en panne sur la route. Car Voiron, c'est la « der des ders » de la tournée « Ma vie dans la tienne » de Lara.

A peine revenu sur le forum du Parti de l'In-nocence de Renaud Camus, je suis l'objet de nombreuses attaques. Cet écrivain est vraiment mal entouré. Notamment du journaliste agressif Didier Goux.

J'ai trouvé le titre de mon journal 2016, qui pour le coup devra attendre le 31 décembre pour être terminé, « De Muriel Baptiste à Lara Fabian », puisque le concert du 8 novembre en sera une étape essentielle.

J'ai passé l'après-midi à la CGT, serein, sachant que mon poste est renouvelé pour trois ans. Ma suppléante est sympathique et nous devrions bien nous entendre. Ce n'est pas le genre à vous poignarder dans le dos, comme d'autres. Je regrette beaucoup que Mireille, ma première suppléante, ne se soit pas investie dans son rôle, devant laisser sa place à Christophe sur lequel je me tairais.

Le responsable de « Elephant films » m'a adressé un mail s'excusant de ne pas m'avoir envoyé la suite des coffrets du « Virginien ». Cela signifie que je devrais reprendre les chroniques du « Monde des Avengers » au détriment du temps accordé à ce journal.

10 juin

Depuis plusieurs années, chaque joie est suivie d'une peine ou d'un tracas. Hier, j'étais fou de joie de voir Lara Fabian à Voiron. Mais voilà que ma mère a de nouveaux problèmes bancaires. Sa carte bleue a été refusée pour un retrait de 20 euros, dont elle avait besoin. C'est tout juste si le distributeur ne l'a pas avalée.

Sur le moment, j'ai eu mauvaise conscience, car elle m'a encouragé à mettre sa carte à la place de la mienne sur des sites internet lors d'achat. J'en tiens un compte précis. Pour le mois de mai, cela correspond à 235 euros trois centimes. Je lui ais donc fait un virement de 200 euros hier, et de 30 ce matin, qui ont permis après intervention de la Caisse d'Epargne de débloquer sa carte. Le problème, car problème il y a, est que son découvert est plus important, bien au-delà de mes dépenses webmatiques de mai. Ce qui signifie qu'ayant perçu sa retraite, elle est à découvert pour d'autres raisons que les 235.06 euros et que je serai amené à devoir l'aider à nouveau.

Cela m'a pollué une partie de la journée. Ajouté à cela, j'ai été furieux, alors qu'un repas de service initié par les nouveaux était prévu dans mon entreprise, il a eu lieu à midi sans les nouveaux (à une exception près). Je me suis donc retrouvé avec d'anciens collègues que je ne souhaitais pas particulièrement voir et floué. Je refuserai ainsi de participer à un autre « repas de service », puisqu'ils n'en ont que le nom, et sont la réunion d'anciens collègues devenus amis et auxquels je n'ai jamais été intégré.

Je suis furieux, parce que j'ai le sentiment que l'on s'est moqué de moi, la défection *volontaire* de deux de ceux qui prétendaient instaurer « une ambiance dans le service » me paraît impardonnable.

Ce soir, je me suis fâché contre un livreur de surgelés d'une société dont je suis habituellement content. L'homme m'a calmement regardé défaire les cartons sans même apporter comme ses collègues un cutter ou une paire de ciseaux que j'ai dû fournir. Il s'est tenu là, à me regarder, sans m'aider. Je lui ai demandé si c'était la première fois qu'il venait.

Non seulement, je ne lui ai pas donné de pourboire, mais je me suis plaint aussitôt à sa société, à la fois par téléphone et par mail. Soit cet employé, un véritable fainéant, ne connaît pas son travail et la responsabilité en incombe à son employeur, soit il est une sorte d'intérimaire d'été. J'ai prévenu la société en question qu'en cas de récidive, elle se priverait de ma clientèle, d'autant plus facilement qu'il y a une forte offre sur ce marché de livraison à domicile.

Mais bon, carte bancaire de ma mère, repas de service saboté, employé d'une société de livraison impoli et indélicat, m'ont mis de méchante humeur et empêché, une fois de plus, de penser à ma chère Muriel Baptiste, voire à cet alléchant concert de Lara Fabian. Alors que mes soucis syndicaux sont derrière moi, il faut que l'on me gâche ma joie. J'étais de bien meilleure humeur hier.

Sur le forum de Parti de l'In-nocence, Didier Goux me cherche, me cherche, me cherche.

11 juin

Je dois malgré tout continuer, à mon rythme, les chroniques pour le site « Le monde des Avengers ». En mettant le CD de la série « Opération vol », épisode 7 de la saison 3 « Les trois vierges de Rome », j'ai entendu un claquement et le lecteur avait lâché.

J'ai dû regarder l'épisode sur mon poste de télévision, mais quid pour faire une capture d'écran sur le site.

Mon ordinateur portable ASSUS a été acheté chez un assembleur en septembre 2015 et une semaine après le lecteur cd/dvd avait déjà claqué. Etant sous garantie, je l'ai rapporté à l'assembleur, qui l'a renvoyé à l'usine, me prêtant un vieux tromblon en échange juste pour aller sur Internet.

J'ai voulu appeler l'assembleur, mais il est en vacances, il a laissé un numéro « en cas d'urgence » que j'ai appelé.

J'ai ainsi découvert que cet assembleur fait partie d'une boutique qui exerce aussi à Tain l'Hermitage, avec lequel j'ai pu obtenir un arrangement : ils ne voulaient pas faire agir la garantie (sinon, je n'avais qu'à attendre le retour de vacances de mon vendeur !), soit ils me vendaient un nouveau lecteur pour 39 euros, mais sans me compter la main d'œuvre. Pour cela, il fallait que je me déplace à Tain l'Hermitage ce samedi après-midi, ce que j'ai fait, non tant pour le site « le monde des Avengers », mais parce qu'il est bien ennuyeux de ne plus avoir de lecteur DVD sur un ordinateur portable.

La réparation durait une heure, le temps de tester le matériel, et j'ai eu une facture. Mais j'aurais pu faire des choses bien plus intéressantes ce samedi après-midi que ces 30 kilomètres aller-retour à Tain l'Hermitage.

Cependant, j'avoue que ces chroniques me pèsent et j'espère en terminer au plus vite. Elles sont devenues chronophages et j'ai bien autre chose à faire de plus intéressant.

Hier, j'ai été mis en contact avec un certain Victor L., la personne qui à Elephant films est chargée de m'envoyer les DVD. Il est donc au courant que je ne reçois plus systématiquement les coffrets devant me servir à terminer mes chroniques et a prévu de me les envoyer. Wait and see...

Je me rends compte que « Muriel Baptiste, la conversation impossible », que je considère comme mon meilleur livre, ne va pas se vendre beaucoup. Autant je souhaite que pour m'éviter des ennuis, les *Journaux* gardent une audience confidentielle, autant je me désole du sort probable de la « conversation », même si elle comporte une erreur de taille (Muriel Baptiste dans Télémagazine en 1972, reçu ces jours-ci, et dont j'ignorais l'existence, dit avoir connu un creux de la vague en 1968, elle me dit le contraire dans la conversation).

Je devais être bien perturbé par les grèves SNCF samedi dernier car je n'ai acheté qu'un programme au concert de Lara Fabian, or il y avait entre autres des magnets et porte-clefs. J'ai acheté un porte-clefs de Bruce Springsteen après son concert du Parc des Princes le vendredi 27 juin 2008, et de façon bien inutile un mug de Neil Young après son concert au théâtre antique de Vienne en juillet 2013. Je sais par expérience que l'on ne trouve pas ces choses-là ensuite. Au concert au Zénith de

Saint-Etienne de Marc Lavoine en avril 2013, je n'ai rien acheté. En effet, j'attendais impatiemment quelqu'un que je ne citerai pas ici (une femme). Après coup, j'ai regretté de ne pas avoir acheté de souvenirs de la tournée « Je descends du singe » de Lavoine, mais toutes les annonces passées sur Internet, les recherches sur Ebay, ont été vaines.

En effet, ces produits sont fabriqués en quantité limitée, et ceux qui les achètent ne s'en séparent pas, fusse à prix d'or. Le propre de ce merchandising est qu'il est attaché à une soirée de concert, et ensuite n'est pas voué à une quelconque commercialisation.

Il me reste à patienter jusqu'au 8 novembre à Voiron pour avoir un magnet et un porte-clefs (et peut être aussi un badge). Car je ne les aurai pas autrement.

Les T Shirt en revanche (on en propose même aux concerts de Thiéfaine, le chanteur que j'ai vu le plus souvent en live) ne m'attirent pas, je ne me vois pas porter un T Shirt proclamant que j'aime Lara Fabian, Bruce Springsteen, Hubert-Félix Thiéfaine et encore moins Neil Young vu par accident et que je déteste.

Je m'interroge sur l'opportunité d'acheter une bibliothèque à la fin du mois, une deuxième car Pascal Sevran est mort, Renaud Camus ne fait plus ses journaux sauf sur commande et dans des conditions de tirage à la demande. Je pense que l'on n'a pas une quantité infinie de « livres culte ». Je verrai selon mes finances.

J'ai quand même l'impression d'avoir perdu une partie de mon précieux temps libre de samedi pour rien.

12 juin

J'ignore si ma fille viendra pour la fête des pères. Elle me tient au courant.

J'ai voulu faire une demi-heure de marche aujourd'hui, mais dans les environs de mon immeuble, c'est décourageant. Alors qu'il me faudrait de la verdure, je respire le gaz oil des voitures qui me dépassent un peu partout. Les canaux de Valence où nagent les canards, je commence à les connaître par cœur. Cela me rappelle mon petit fils qui n'est pas là.

J'ai jeté un coup d'œil sur le site « OVS On Va Sortir », mais il s'adresse plutôt à des randonneurs confirmés. Il faut bien débuter un jour et c'est donc assez décourageant. Reste la solution d'aller marcher seul. Il y a le parc de Lorient près de Valence. OVS reflète bien l'ambiance de Valence, une ville de bourgeois fauchés qui aiment *se la péter*. Un peu comme les participants qui m'agressent sur les forums de Renaud Camus.

But avait bien fait des soldes jusqu'au 30 mai, et les prix des bibliothèques (267 euros lorsque je m'y suis rendu le 30 mai précisément) sont revenus à la hausse : 389,99 euros. Et pourquoi pas 400 ? Je sens que je vais chercher une bibliothèque d'occasion, dont quelqu'un voudrait se débarrasser.

Mon humeur est mauvaise et j'en sais le motif : Muriel. Je n'arrive plus à penser à elle. Si j'ai parfois vu des signes encourageants, le fait d'avoir dit dans « La conversation impossible », enfin de lui avoir fait dire à elle qu'elle n'avait pas connu de creux de la vague en 1968, ne le découvrir que juste après la publication de mon livre, est un mauvais signe.

Si elle veillait sur moi depuis « quelque part », m'aurait-elle laissé écrire une telle bêtise ? Peut-être fais-je une fixation sur cette histoire de creux de la vague ou ruinée, elle songeait à changer de métier. C'est peu ou prou ce que j'écrivais dans mon premier livre sur elle en 2007 « La reine foudroyée ». Quatre années de succès dense suivies d'un creux de la vague.

J'écris beaucoup sur elle, et j'écris des bêtises. Je la voulais dépressive, « on » m'a assuré que je me trompais. Il est tellement difficile de trouver des informations sur elle que l'on ne peut que nager dans l'approximation sur sa vie, sa carrière, même si l'on s'impose la plus grande rigueur dans les recherches.

J'ai besoin de Muriel, de ne penser qu'à elle (et pas à la CGT !) J'ai besoin d'espoir. Mais Muriel elle-même n'a cessé de se contredire : « J'ai des origines méditerranéennes » (Télémagazine, 1972), « J'ai des origines kabyles » (à Jacques Serres, fin 1970). Muriel, je le sais aujourd'hui, aimait « faire marcher » les gens en disant les choses les plus énormes, mais en rétablissant aussitôt la vérité une fois son effet obtenu. Ce qui ne m'aurait pas fait rire.

Il y a aussi le fait que les témoins interprètent ce qu'elle a pu dire à tel ou tel moment de sa vie. Je prends un exemple : elle n'aurait pris que quelques cours chez Roland Furet, pas beaucoup. Ce n'est pas ce qu'elle laisse deviner quand on lit ses interviews. A force de triturer la vérité dans tous les sens, on se demande où est l'exactitude entre sa vérité et celle des gens qui l'ont approché et en parlent, en se contredisant quelquefois. Henri Spade qui l'a rejoint dans l'au-delà en octobre 2008 me déclarait en janvier 2006 qu'elle se droguait et courait les garçons, « on » m'assure du contraire, mais « on » n'était pas sur le tournage de « La princesse du rail » en 1966. Cependant, Spade n'a jamais revu Muriel et prétendait tout savoir de sa fin, des raisons de son prétendu suicide, et même de la façon dont elle l'avait fait.

Seule Muriel pourrait me dire la vérité, et encore ce serait « sa » vérité. Je me souviens d'un temps pas si lointain où je ressentais un bien-être, une chaleur en moi, quelque chose de rassurant. Il faut bien avouer que je ne suis plus du tout rassuré. Le sentiment de vide absolu que je ressens quand je vais sur sa tombe est effrayant. A d'autres moments, Muriel (son âme ? son esprit ?) surgissent quand je ne m'y attends pas, me redonnent le moral.

La vie contemporaine m'éloigne de plus en plus d'elle. Elle fut connue dans les années 60 et 70. Les années 2010 n'ont plus rien à voir avec son époque et le monde a tellement changé que je peine à la retrouver. Mais au fond, je suis un grand pessimiste, car je pense toujours à elle, la meilleure preuve étant qu'en cet instant j'écris sur elle. « La conversation impossible » a été fait pour corriger des erreurs et lacunes de « La vie, quelle gifle ! ». Ce journal corrige une erreur (ce qui n'est peut-être pas si grave) de « la conversation impossible ».

Je ne peux tout dire sur elle, il y a des choses que l'on m'a confié et qui relèvent de sa vie privée. Mais même si je l'osais, je ne pourrai tout dire sur elle car si elle était là, elle ne l'aurait pas toléré. Donc, quelque part, son regard est toujours posé sur moi. Ce n'est pas au nom d'un respect de la vie privée d'une morte que je me tais, c'est au nom de l'amour. Lorsque je dis que j'aime Muriel, je ne le dis pas au passé mais au présent et au futur. Voilà quelque chose qui me rassure, cet amour est toujours là. C'est la raison pour laquelle je ne supporte pas la chanson de Léo Ferré « Avec le temps » qui dit tout le contraire. « Le cœur quand ça bat plus, c'est pas la peine d'aller chercher plus loin », ou encore « on oublie les passions, et l'on oublie les voix, et l'on se sent floué, par les années perdues, alors vraiment, avec le temps, on n'aime plus ». Léo Ferré l'anarchiste, avec moi, tu t'es vraiment trompé sur toute la ligne. J'aime encore Muriel, et elle est morte depuis vingt et un ans. On dit que cette chanson est un chef d'œuvre, elle l'est mais pour moi n'est que de la poésie pour la poésie. Elle n'a aucune prise avec la réalité.

J'apprends que les Etats-Unis sont victime d'un attentat ayant fait 50 morts, d'un individu se réclamant de l'état Islamique. Le Bataclan s'importe au pays d'Obama. Voilà qui n'est guère rassurant, nous sommes (l'Occident) bel et bien en guerre.

Saint Priest en Jarez, 13 juin (de 9h30 à 16h15 environ)

Journée de préparation de la prochaine séance du comité d'entreprise. Ambiance pénible avec deux élues CGT opposées à mon élection, dans le sens « ambiance lourde ». Contexte pas plus favorable avec la CFDT.

Le repas de midi, dans un restaurant italien, était médiocre.

De retour sur l'autoroute, je regardais les montagnes d'Ardèche, de loin, en cherchant à y imaginer Annunciata.

Valence, 13 juin (à compter de 16h15)

Comme le lecteur peut le constater, j'essaie (sans grand effort de ma part) de penser à Muriel Baptiste, et dès lors, tout va mieux.

Je n'aurais pas dû me faire réélire comme secrétaire CGT, chose qui me pollue l'existence depuis des mois, comme en témoigne ce journal. J'ai appris qu'une vocation de secrétaire est latente, je m'en réjouis. Au-delà de mon mandat de trois ans, je ne me représenterai pas (j'aurai alors 58 ans et demi), tout en disant que je veux laisser la place aux jeunes. Personne ne sera dupe de l'hypocrisie.

Bonne nouvelle aujourd'hui : ma supérieure hiérarchique m'a accordé les congés demandés en novembre pour me rendre à deux concerts, le 8 novembre, Lara Fabian à Voiron, le 29 novembre, Elton John à Clermont Ferrand (et les lendemains pour me reposer de la fatigue).

Cet intérêt soudain pour Lara Fabian, qui va jusqu'à la mentionner dans le titre de ce journal, ne doit en aucun cas laisser penser qu'elle ait pour moi un intérêt semblable à Muriel Baptiste. C'est seulement une chanteuse dont j'aime les ritournelles et que je trouve assez sexy. Je n'en suis pas amoureux.

Je ne suis amoureux que de Muriel. De cela, personne ne peut douter. Il est évident qu'une morte est une source de tristesse, et je pense ne plus être celui d'avant la nouvelle apprise le dimanche 8 novembre 2005. Mais le bonheur de l'aimer demeure. Et il me rend heureux car comme le dit le titre d'un livre de Salvatore Adamo, « Le souvenir du bonheur est encore du bonheur ». On peut considérer que je vis dans le déni. Je n'accepte pas la mort de Muriel et donc ne peux en faire mon deuil.

Je suis égaré dans une époque où je n'ai plus ma place, où je me sens comme un étranger, victime d'un paradoxe temporel. Malgré l'évidence, je vis en 1972-1973. N'ayant pas perdu la raison, je sais parfaitement en quelle année nous vivons, mais je ne prends de mon époque que ce qui m'arrange (notamment Internet) tout en vivant dans la nostalgie. Mais une nostalgie vivante et non jaunie et dépassée. Lorsque j'entends la musique que les jeunes aiment, je suis content d'avoir 56 ans. Lara Fabian fait de la variété des années 70 façon Joe Dassin mise au goût du jour. Mais pour une chanteuse citée, je déteste quasiment toute la production actuelle.

Parmi les exceptions, il y a les musiques de films, mais elles sont intemporelles, et d'ailleurs ses meilleurs représentants (James Horner, Jerry Goldsmith, John Barry) sont morts. Il en reste quelques uns d'agréables, comme Marco Beltrami, Danny Elfman, Alan Silvestri (ne pas confondre avec le chanteur italien Alan Sorrenti), David Arnold, Christopher Young, Bruce Broughton, Michael Giacchino.

Nouvelles attaques sur le forum du parti de l'In-nocence, un intervenant dont j'ai mal orthographié le nom, au lieu de me le faire observer, me dis « allez vous faire foutre ».

Renaud Camus est entouré de fous, qui se prennent pour « Les précieuses ridicules ». Comment un écrivain aussi bon a-t-il pu attirer autour de lui une telle bande de nazes ?

14 juin

Je suis en grève toute la journée. Il y a une manifestation qui part de la clinique Pasteur à Granges les Valence (ou Guilherand Granges comme on veut) et va jusqu'à la préfecture de Valence. De la pluie avait été annoncée, mais il fait un grand soleil, qui alterne de temps en temps avec un ciel grisâtre, sans plus.

Cela fait une marche vraiment longue pour qui n'est pas entraîné, je vais garer ma voiture à mi-chemin, à la FNAC (en plus de la retenue sur salaire d'une journée, je vais devoir payer le parking de la FNAC ce qui ne sera pas la première fois). Mais je maudis cette météo à laquelle on ne peut plus se fier : on annonçait des orages dimanche, je suis sorti faire une promenade et il faisait beau.

Une manifestation sous la pluie ou en plein soleil ne dure pas de la même façon, j'en ai fait l'expérience. En tant que délégué syndical réélu pour 3 ans, je ne peux me dispenser de la manifestation, mais je comptais prendre un parapluie, bonne excuse pour avoir oublié mon drapeau (j'aurais de toute façon un badge). Un drapeau CGT ces temps-ci est fort encombrant en allant et en revenant de la manifestation, le syndicat de Martinez n'a pas que des amis.

(De retour de la manifestation) : Cela a duré de 14h00 à 16h00, j'ai beaucoup marché, payé 5.60 euros de parking à la FNAC. J'ai emporté le drapeau finalement, un parapluie petit modèle et un blouson car en sortant il faisait froid. Mais le temps a tourné à la chaleur (23 degrés, soleil écrasant), aussi au retour, durant la manifestation, je me suis rendu au parking FNAC pour y laisser le parapluie, le blouson, et dans la foulée le drapeau. Puis j'ai rejoint le cortège (la FNAC se trouvait sur le trajet) comme si de rien n'était.

Il n'y avait que des anciens de mon entreprise, dont des retraités. Les jeunes ne viennent pas aux manifestations apparemment. Je ne donne pas cher de l'avenir de la CGT de mon entreprise, comme celui de la CGT en général.

Ce journal ne peut devenir le recensement de tous les attentats perpétrés par L'état islamique ou en son nom. Cette-nuit, un couple de policiers a été tué sous les yeux de leur enfant de trois ans par un djihadiste qui semble cette-fois avoir prémédité son acte en accord avec l'organisation terroriste.

Au retour de la manifestation, j'ai voulu lire un peu, mais je dois peu me ménager question sommeil ces temps-ci et ceci ajouté à la marche en plein soleil m'a obligé à m'allonger et dormir une heure.

Amazon n'a toujours pas de stock de « Muriel Baptiste, la conversation impossible » que l'on peut donc se procurer uniquement sur FNAC.com et Publibook.

15 juin

Ambiance pas terrible au bureau, qui explique peut-être que je me sois réveillé et rendormi ce matin, pour un peu, je ne pouvais pas aller travailler. Ma responsable me confie une tâche impossible, à terminer pour le 30 juin. Je n'en dis pas plus, ce *Journal* est confidentiel, mais sera publié.

J'ai de la peine car ma fille ne vient pas pour la fête des pères, allant voir sa cousine germaine, et la semaine suivante, cela dépend de son conjoint. Rien n'est sûr.

Depuis novembre, et les velléités d'une membre de mon syndicat pour me déloger, j'aurais dû partir depuis longtemps. L'ambiance, après deux élections, y est pesante, je suis réélu pour trois ans.

J'aurais dû dès novembre en profiter pour quitter mon poste, mais mon médecin m'a conseillé, et bien mal, de m'accrocher. Résultat, depuis novembre, je suis sur les nerfs.

Le fait que ma mère ne dorme plus (cela se ressent sur son humeur) n'arrange rien, à son âge, sa doctoresse refuse de lui donner un somnifère. Elle a je pense surtout peur des conséquences éventuelles chez une patiente qui a de lourdes pathologies (cardiaques).

Comme si cela ne suffisait pas, je suis allé me mettre dans les griffes des bouledogues virtuels de Renaud Camus sur son forum du parti de l'In-nocence, plutôt de l'indécence.

Il y a certes des choses plus graves, par exemple nous avons appris aujourd'hui que « le don de RTT » va malheureusement se mettre en action en raison d'une petite fille de huit ans leucémique, enfant d'un membre du personnel. Mes tracas à côté son dérisoires.

Ce que je ne comprends pas, c'est mon impossibilité de penser à Muriel Baptiste (à cause de la CGT, de mon bureau, des problèmes de sommeil de ma mère, etc.)

Je vis donc une vie morose, espérant que les lendemains seront meilleurs. Mais la situation actuelle s'éternise et mon moral en prend un coup.

Publibook a imprimé deux fois « La conversation impossible » à Jean-Marc C. qui m'a acheté ce livre et « La vie, quelle gifle ». Ils m'ont dit qu'ils allaient rectifier l'erreur, mais cette affaire m'inquiète, je leur ai confié le *Journal 2015* et trois livres sur Muriel Baptiste. Si les impressions à la demande provoquent des choses de ce genre, c'est gênant. Ce n'est sans doute qu'une erreur de manipulation exceptionnelle, positivons !

16 juin

Après une nuit de cauchemar, la journée ne s'est pas présentée sous de meilleurs auspices. Stress au bureau, et une tristesse profonde de l'absence de ma fille pour la fête des pères. Sur ce sujet, je ne ferai pas davantage de commentaires.

17 juin

Je ne comprends vraiment pas pourquoi je ne pense plus à Muriel, il me faut m'obliger à y penser, alors qu'avant, cela me venait naturellement.

J'ai reçu un programme souvenir des « Sultans » avant-hier ou avant avant-hier, auparavant je l'aurais scanné et mis sur mon blog, là je traîne. J'ai payé cela 3 euros sur Ebay.

Est-il possible que j'en veuille à Muriel, parce que j'ai appris qu'elle avait eu à 36 ans un amant plus jeune que moi avec lequel elle a partagé six mois de sa vie et dont elle était amoureuse ? Je n'écrirai pas cela n'importe où, mais ce *Journal* je le sens restera confidentiel. Mon amour pour Muriel qui date de 1967, et l'on peut dire de façon consciente depuis 1972, est-il écorné ?

Suis-je jaloux, ou résigné devant la mort, ne croyant plus à un au-delà où elle m'attendrait ? Les mésaventures avec la CGT dans mon entreprise m'empoisonnent depuis novembre, mais je sais l'histoire de Muriel depuis le 8 décembre. Si je n'ai jamais été jaloux de Charles Delberghe, plus âgé qu'elle (il aurait pu être son père), je le suis de X.

Il me semble invraisemblable qu'une passion qui aura duré toute ma vie prenne subitement l'eau. Ce n'est pas possible.

Muriel, je suis terriblement malheureux, et en ce moment pour diverses raisons dont tu n'es pas la cause. J'aimerais ressentir comme par le passé ta présence en moi. Je pense que ce n'est pas perdu, que cela va revenir. Je vais avoir du temps libre, aller à Pantin, aller (je n'y suis pas retourné depuis 2009) à la maternité où tu es née à Lyon et au 6 rue des trois rois. Je devais le faire l'an dernier, j'ai dû le dire dans le *Journal* de 2015 (dont au passage les épreuves sont bien longues à arriver).

Fin de soirée, discussion d'une heure au téléphone avec ma fille où tout malentendu et dissipé, ils viennent ses enfants et son compagnon la semaine prochaine pour la fête des pères décalée. Je suis serein.

Montéléger, parc de Lorient, 18 juin

Après m'être trompé de route et être allé à Beauvallon, j'ai trouvé le fameux parc de Lorient, endroit aménagé pour le sport (marche, footing, cyclisme, j'ai vu aussi un court de tennis).

Le soleil m'a fait regretter de n'avoir pas mis de casquette. Ce que je ne savais pas, c'est que le parc est entouré de forêts qui en sont indépendantes. J'ai donc pris un chemin, pensant être toujours dans le parc, encouragé par le fait que je rencontrais des randonneurs ou des cyclistes. Mais au bout d'un moment, assez long, j'ai réalisé que je marchais sans cesse dans une direction toute droite qui m'éloignait du parc. Une petite rivière coulait (minuscule cours d'eau) et le chemin était de plus en plus étroit.

Au bout de ce chemin, il y a une route, un petit pont et un chemin qui semblait parallèle en retour, de l'autre côté de la rivière. Seulement, n'ayant ni carte, ni boussole, j'ai réalisé au bout d'un moment que je m'éloignais dans l'inconnu, et de fait, je suis arrivé sur une route et non retourné au parc. Route qui semblait ne venir de nulle part et n'aller nulle part. Des automobilistes passaient à toute vitesse. J'ai alors réalisé que je m'étais complètement perdu.

Finalement, à un carrefour, j'ai vu « Valence 5 kilomètres » sur une borne kilométrique. Je n'en menais pas large. Il est très facile de se perdre dans le coin lorsqu'on ne le connaît pas.

Enfin, comme terme d'un cauchemar, j'ai vu le parc de Lorient et ai pu regagner mon véhicule. A peine à l'intérieur, quelques gouttes de pluie sont tombées sur le pare-brise.

Pendant le trajet sur le chemin qui menait nulle-part, j'étais la plupart du temps seul et j'ai chanté à haute voix « Chante comme si tu devais mourir demain » de Fugain, dont je me suis surpris à bien connaître les paroles, et un peu « La maladie d'amour » de Sardou, pour laquelle j'ai eu quelques trous de mémoire. Pourquoi ces chansons ? Parce qu'elles sont de l'été 1973 et me faisaient penser à Muriel alors. Mon pari a d'ailleurs été gagné, en partie, avant que je fusse pris de panique réalisant que je m'étais perdu. Au diable mes autres soucis, je ne pensais qu'à ma chère Muriel Baptiste dans ce décor qui rappelle assez les forêts de Bagnoles-de-L'orne et de Normandie, même si la hauteur des arbres en Drôme est plus basse. C'est ma première mais pas ma dernière promenade au parc, à l'intérieur duquel je resterai, d'autant qu'il est très grand et que je n'en ai vu qu'une partie, puisque j'ai bifurqué sur ce chemin de forêt indépendant de la structure sportive.

Valence, 18 juin

Je réalise qu'il est bon de s'aérer l'esprit. Je suis fatigué, mais c'est de la bonne fatigue.

Pendant la balade sur le chemin, je me croyais revenu en 1973, mais ce sont sans doute des idées que je me fais, car Montéléger devait être différent à cette époque. Tout cela est un aménagement récent. Le parc est un ENS (Espace Naturel Sensible), propriété du département depuis 1967, mais initialement réduit au terrain de tennis, tables de pique-nique et accueil de manifestations diverses. Mais à moins d'aller au cœur des forêts, en quarante trois ans, les paysages changent. Que je le veuille ou non, le monde de Muriel a disparu.

En tous cas, c'est bon de penser à elle. Les décors n'évoquaient pas l'Auvergne de « La princesse du rail » que l'Ardèche aride rappelle tant. Etre dans la nature verdoyante et isolé me ramène en mémoire ma Muriel adorée. Je pense que cela est dû à la fois aux vacances à Bagnoles-de-L'orne, par association d'idées, et qu'il se dégage de ces endroits une profonde sérénité qui ne peut que me faire venir en tête la comédienne tant aimée.

J'ai donc la réponse à la question que je me posais hier dans ce *Journal*.

Je me suis attelé à mon travail de mise à jour de mes quatre blogs Muriel Baptiste en scannant les documents sur le film « Les sultans ». C'est en ligne.

Ce soir, je suis heureux, car je réalise que je suis amoureux de Muriel plus que jamais, et c'est là l'essentiel. Elle est et restera pour l'éternité la femme de ma vie.

19 juin

Ma mère ne dort plus depuis cinq mois et je pensais qu'elle exagérait, devait faire des sommes sans s'en rendre compte. Hier soir, un incident a éclaté, vers 1h00, alors que je voulais terminer *Septembre absolu*, l'interminable journal 2011 de Renaud Camus, elle s'est mise en colère, voulant absolument que j'éteigne la lumière et dorme. La chose a duré jusqu'à 1h30. Elle ne veut pas que je me fatigue, cela part (on va dire) d'un bon sentiment, mais devient pénible. Ce matin, nous sommes revenus sur l'incident, je lui ai dit que je n'avais plus 15 ans, et pour toute réponse j'ai eu que « j'en avais 10 ». Le manque de sommeil est en train de la rendre intolérante et surtout en permanence sujette aux disputes.

L'après-midi, je suis retourné au parc de Lorient, mais cette-fois, j'ai ressenti une profonde fatigue après deux tours du parc (disons un tour et demi) et j'ai dû m'asseoir. Mon corps n'est pas habitué à l'exercice physique sportif, et je confonds vitesse et précipitation.

Je m'interroge sur l'opportunité de mettre ou de ne pas mettre sur ce *Journal* certains faits. Ma fille m'a souhaité une bonne fête des pères ce matin par téléphone, ne pouvant me joindre sur mon portable que je laisse souvent « en silencieux » et dans ma pochette, elle m'a joint sur le téléphone fixe.

J'ai rêvé cette nuit de Muriel Baptiste, ce qui à mettre au crédit des bonnes choses. En revanche, pendant que j'étais au parc de Lorient (j'ai décidé sur le journal de ne plus indiquer « Montéléger, parc de Lorient le... »), un magazine rare avec une photo de Muriel en couleur a été mis en vente sur Ebay et vendu avant mon retour. Il s'agit du Télé 7 jours N°362 avec en couverture Jacques Santi qu'apparemment beaucoup de gens recherchent. J'ai mis une alerte sur Ebay, mais d'autres aussi semble-t-il. Il ne s'agissait pas d'une enchère mais d'une vente immédiate, qui m'est passée sous le nez.

Je réfléchis à l'achat d'une bibliothèque à But payable en trois fois, mais elle me fera perdre une petite partie de la vision extérieure de la porte fenêtre dans ma salle à manger, inconvénient qui me fait beaucoup hésiter.

20 juin

Hier soir, après « Le premier juré » dont je regardais la fin pour la dix-huitième fois, j'ai revu le début de « Par mesure de silence », téléfilm qui a l'avantage de montrer beaucoup Muriel Baptiste. Elle y est fort belle, son visage cadré de près. J'aime la scène d'interrogatoire par le commissaire de police où son personnage, Cynthia, lui tient tête.

Aujourd'hui, j'ai retrouvé les tracas de la CGT (« et ça continue encore et encore » comme dirait Cabrel) sur mon milieu professionnel. Il semble qu'un arrêt de la cour de cassation du 15 décembre dernier m'ampute de 15 heures mon crédit d'heures de délégué syndical, et que je ne puisse plus être délégué « central » (d'où la perte de 15 heures) car la CGT, dans mon entreprise n'est présente qu'en Drôme et pas dans les deux autres départements qu'elle couvre, à la suite d'une fusion.

Vais-je être éternellement poursuivi e tracassé par ce syndicat qui n'arrête pas de faire parler de lui en mal, alors qu'il me plairait tant de profiter de ce début d'été, de songer à ma douce Muriel ?

Demain après-midi, je vais accompagner ma mère pour l'aider à sa visite chez l'ophtalmologue, la dernière fois, comme elle est en fauteuil roulant, les mesures ont été mal prises (les préposées ne sont parait-il pas là pour l'aider) et les lunettes absolument pas faites à sa vue.

Je suis surpris que la FNAC soit cette fois plus prompte à mettre en vente ma troisième biographie sur Muriel qu'Amazon, qui se contente de référencer l'ouvrage sans offrir la possibilité de l'acquérir.

Ce sera la première fois depuis 2007 que je n'irai pas sur la tombe de Muriel le jour de son anniversaire (ou dans la fourchette de temps des jours avant ou après), je ferai déposer une coupe de plantes, et m'y rendrai en août, en aller-retour TGV dans la journée. Je n'ai en effet pas pris de vacances en juillet par rapport à mon petit-fils qui se trouve chez son père.

Je sais que beaucoup de gens ne comprendraient pas ce pèlerinage annuel, mais certains se rendent bien à Memphis sur la tombe d'Elvis Presley. Pantin et le département 93 sont sans doute des endroits peu sûrs (bien qu'à l'intérieur du cimetière, il ne me soit jamais rien arrivé de fâcheux). J'aurais préféré que Muriel soit au Père Lachaise quoi que cela ne change pas grand-chose. Celui de Pantin a l'avantage d'être peu fréquenté, et j'y ai la paix. L'année dernière, mais j'ai la flemme d'aller voir dans mon *Journal*, je n'ai dû me recueillir que deux heures ou deux heures et demie sur la tombe, et trouver le temps long. Il est vrai que je comptais beaucoup sur un autre « pèlerinage » rue Jean-Baptiste Pigalle qui a totalement changé et m'a fort déçu. L'âme de Muriel n'y traîne plus.

Je crois que je n'aime pas Paris, contrairement à beaucoup de gens, et j'ai toujours eu du mal à comprendre pourquoi Muriel (alors que sa carrière était derrière elle et qu'elle ne pouvait plus espérer effectuer un retour) ait absolument voulu y vivre jusqu'à sa fin. J'ai dû déjà le dire mais je retrouve davantage Muriel dans d'autres endroits, où elle n'a pas forcément vécu, comme Avignon, ville romantique qui prête à la rêverie.

Au fond, je ne suis pas trop à plaindre, après une journée peu attractive au bureau et avec un intermède syndical, j'écris sur Muriel Baptiste, je parle d'elle, elle est toujours présente.

Les informations nous offrent des horreurs, avec un double infanticide dont la mère est jugée en appel. Cette dame est une récidiviste, condamnée déjà pour des faits semblables en 2005 à 15 ans de prison, que faisait-elle en liberté ? L'appel porte sur une seconde peine de 23 ans de prison que l'avocat juge « trop sévère ». Quelle époque vivons-nous !

On peut comprendre que je me réfugie avec délice dans le passé, dans le sourire de Muriel Baptiste, dans des temps dont la plupart des protagonistes sont morts. Je n'aime décidemment pas mon époque.

Ma mère est fort contrariée par un pli recommandé qui lui a été adressé (malgré son changement d'adresse) à Montélimar, et dont elle s'inquiète de la teneur. Personne ne semble capable de la renseigner, la Poste, en tant que service public, est devenue une catastrophe.

21 juin

Ambiance toujours semblable (et pénible) au bureau et au syndicat, où je ne me trouvais que ce matin. Cette après-midi, j'ai suivi le conseil de ma fille et me suis rendu avec ma mère à sa visite à l'ophtalmologue (ou ophtalmologiste, les deux se disent) car l'avant-avant dernière fois, cela s'était soldé par une catastrophe. Son ex-praticien estimait que ce n'était pas à ses employées d'aider ma mère à accéder aux appareils, ce qui nous avait valu des examens faussés, et des lunettes que j'ai payé (pour dépanner ma mère) et qui n'ont jamais servi, n'étant pas à sa vue. Depuis, elle a un nouvel ophtalmo, qui la dernière fois a cru bon de ne pas lui prescrire de lunettes.

J'ai donc pris un congé et accompagné ma mère dans l'ambulance de Jussieu, veillant à ce qu'elle soit en mesure de bien passer ses examens, et ma présence s'avérait nécessaire, puisqu'elle est livrée seule au praticien. Malheureusement, ce dernier après examen a expliqué que la rétine de ma mère était usée, qu'il ne servait à rien de prescrire de nouvelles lunettes qui nous coûterait 800 euros et dont elle ne ressentirait pas l'amélioration. Il s'est contenté de faire une ordonnance pour des gouttes.

En six mois, ma mère a beaucoup perdu en vision, l'ophtalmologue avait réussi à lui corriger sa défaillance en lui obtenant 10 sur 10. Mais elle n'est plus désormais qu'à 5 et 4 sur 10 selon l'œil, sans qu'on ne puisse rien y faire. Plus jeune, un traitement aurait pu être tenté, mais à son âge, elle risquerait faire un AVC. Tout au plus, pour la lecture, m'a-t-il été conseillé de lui acheter une loupe électronique dont le coût serait de 500 euros, mais il faut les tester. L'homme ne savait pas que j'habitais au deuxième étage sans ascenseur (lorsque j'ai acheté mon appartement, en 2003, ma mère était en meilleure forme). De toute façon, ma mère ne veut pas que je fasse une telle dépense, elle se passera de lire. Le docteur m'a dit qu'à la télévision, elle voyait les visages, mais plus les expressions, et évidemment pas les sous-titres.

Je vais relativiser : tout le monde n'atteint pas l'âge de 94 ans et que le corps humain s'use n'a rien d'étonnant. Mon pessimisme me dit quelque part que je n'arriverai pas dans ces âges-là. Mais c'est un tout autre débat. Je ne vais pas l'entamer aujourd'hui. Surtout qu'il repose sur des pressentiments et rien de concret.

Bien que je me sois endormi vers 23h00 hier, je semble fatigué, car je suis tombé dans un sommeil profond pendant environ une heure vers midi et demi. Je vais devoir me coucher plus tôt, soit 22h45.

Ma mère a voulu voir hier (je me demande malheureusement ce qu'elle voit) sur la chaîne Gulli un téléfilm avec Pierre Mondy « Bac + 70 », de sorte que je n'ai pas regardé la suite de « Par mesure de silence ». Le film de Mondy datait de 2006, soit six ans avant sa mort, et était d'une rare indigence. Mais je peux voir Muriel un autre soir.

Précisément, ce soir, je regarde la suite.

22 juin

Encore un rêve de Muriel, qui rend la nuit douce, et l'éveil si ennuyeux. Comme le sont mes journées.

La température est caniculaire (34 degrés).

Publibook doit croire que je suis retraité, m'appelant en pleine matinée au bureau, ce qui est embêtant. La personne me demandait si j'étais content, j'ai rappelé le texte de « La conversation impossible » envoyé à Jean Marc C. sous la couverture de « La vie, quelle gifle ! », ainsi qu'Amazon qui ne vend toujours pas « La conversation ». On voulait me proposer des services supplémentaires en étant sûr que j'avais bien eu la brochure, ce qui est le cas. Mais ceux-ci ne m'intéressent pas. A peine avais-je raccroché que je me suis souvenu n'avoir aucune nouvelle du *Journal 2015*. J'ai donc été dans le couloir faire cet appel, et après vérification, le travail est en cours.

Si ce n'est que l'on voit bien Muriel, en gros plan, « Par mesure de silence » est un téléfilm plutôt vieillot, qui accuse vraiment son âge. En dehors de ma comédienne bien aimée, on voit surtout Alfred Adam, vieux complice de Jean Gabin au cinéma. L'époque est bien celle de l'avant 1968. C'est encore la jeunesse des blousons noirs, et non celles des intellos révolutionnaires (ou prétendus tels). Le texte est en peu cru pour l'époque de diffusion (juin 1967), Cynthia/Muriel n'arrêtant pas de parler de « coucher », en fille de la haute bourgeoisie, et d'essayer tous les garçons. Mais son discours est malgré tout rétrograde (« Une femme, c'est fait pour torcher les mioches, un homme pour les défendre »). C'est le genre de choses qui sera proscrite dans les années 70, amorcée par le grand virage de mai 68.

Mes paupières sont devenues lourdes vers 19h et j'ai dormi 35 minutes, *dixit ma mère*. Pourtant, hier soir, je me suis couché plus tôt (22h45). Il semble que je manque de sommeil.

J'ai reçu ce jour, sous forme imprimé, le *Journal 1973 La passion pour Muriel Baptiste,* confectionné par Edilivre. Un ouvrage inutile, dont j'aurais bien pu me passer, qui existe aussi chez Books on Demand. C'est plus une plaquette qu'un véritable *Journal.* Chez Edilivre, tout le monde se fiche que je n'ai pas respecté la clause d'exclusivité. Curieusement, ces ouvrages là, qui trouveront tres peu de lecteurs, sont plus faciles à se procurer que « La conversation impossible ». Il paraît que c'est en commettant des erreurs que l'on apprend.

Je considère que je n'ai écrit que cinq livres, mes trois biographies sur Muriel Baptiste, et mes deux *Journaux* à paraître. Celui de 2016 sera long, mais Yannick Even de Publibook met tellement de temps à m'envoyer les épreuves du *Journal 2015* (désormais plus d'un mois) qu'il n'aura que fin 2016 le journal de l'année en cours, fût-il très long. Séparer 2016 en deux tomes (janvier-juin et juillet-décembre) n'a aucun sens.

Les choses ne s'arrangent pas avec Elephant Films qui m'a envoyé aujourd'hui un très lourd colis comprenant les deux premières saisons en six volumes du « Virginien » que j'ai déjà. Je pense que je vais tout laisser tomber dans ce domaine, qui constitue un grand moment chronophage, qui n'intéresse personne d'ailleurs, je l'ai constaté en chroniquant la série « Wycliffe ». Cela a nécessité de ma part des efforts pour un lectorat minime.

Mes nuits sont plus belles (ou plus intéressantes) que mes jours.

23 juin

« Je remets à mon plus fidèle admirateur le collier que j'ai porté lors du tournage du feuilleton « La princesse du rail » pour me faire pardonner de t'avoir traumatisé quand tu avais 7 ans et en souvenir de la petite gitane Annunciata, princesse de Bohême ».

Voilà le singulier courrier que j'ai reçu de X aujourd'hui dans un colis qui contenait le mythique collier.

Il m'écrit : « Comme tu peux le voir, j'ai retrouvé le courrier que m'avait donné Muriel, mais pas sa photo ».

En faire une copie est impossible, donc je souhaite te le donner en souvenir du petit garçon qui était en admiration devant une jolie brune. Muriel aurait été fière de pouvoir te rencontrer et te le donner, mais la vie en a décidé autrement, donc je le fais à sa place. Je vais juste laisser la parole à Muriel par l'intermédiaire de mon stylo ».

Suit donc le texte écrit plus haut.

Il continue : « Voilà Patrick ce que Muriel aurait aimé te dire, c'est un petit témoignage de sa carrière et son passage à la télévision si éphémère ».

« Si tu passes en région parisienne cet été, je t'emmènerai sur les pas de Muriel là où elle aimait se promener ».

Après une journée à Privas, où bien entendu j'ai pensé à Annunciata en raison du décor, je n'étais pas en forme. Il y avait séance du Comité d'Entreprise mais j'ai pris soin de ne pas monter dans la voiture des deux « camarades » (au féminin) de la CGT qui ont voté contre moi. Je n'étais guère mieux loti, mais l'on dira que c'était « moins pire », en faisant le voyage avec des délégués CFDT qui ne peuvent pas voir en peinture la CGT.

Il est arrivé un incident regrettable : le vieux tromblon d'ordinateur portable que la CFDT a bien voulu me laisser pour prendre en direct le compte rendu et le diffuser à mes adhérents et tombé en panne, j'ai donc dû tout prendre en sténo, et recopier ce soir, même pas sur le logiciel Word, mais sur « Libre office », toutes ses notes, empiétant sur mon temps personnel. J'ai terminé à 20h28. C'est la première (et dernière) fois que je fais cela. Il y a une vie après la CGT. Enfin, certains font des distributions de tracts le samedi, s'ils sont convaincus à ce point-là, c'est leur problème. Moi, j'ai autre chose à faire.

Bien entendu, le cadeau qui m'a été fait est le plus beau de ma vie, Muriel le portait durant son feuilleton, et a demandé à le conserver, une petite croix assez bizarre, que l'actrice Marie-Claude Mestral (que je ne porte pas en grande estime) montre dans le dernier épisode comme un « bijou de famille » à Henri Vincenot de « La vie du rail ».

En gros, c'est un peu comme si on m'avait donné le Walter PPK de Roger Moore dans « L'homme au pistolet d'or ». Un objet mythique. Je m'apprêtais à dire à X de ne pas me l'envoyer pour me le prêter, comme il l'a fait avec d'autres objets de Muriel, le retourner aurait été une torture. Je pensais qu'il l'avait perdu et ne le retrouverait pas. Il a ainsi négligé d'autres affaires et souvenirs que lui a donnés Muriel dont il a brièvement partagé la vie.

Mais finalement, le cœur de X a parlé.

C'est un objet de bric et de broc, tout bête, mais pour moi, il a une signification et représente un symbole inssurpassables.

Si je n'avais pas décidé de me faire incinérer, je crois que j'aurais demandé à être enterré avec. Je vais prendre le plus grand soin de cet objet, le porter est impensable, car avec la sueur, je risquerai l'abîmer. C'est un bout de bois ou de plastique bricolé pour le feuilleton. Et j'aurais tellement peur de le perdre.

J'ai eu une mauvaise journée, mais dans celles à venir, je vais réaliser le grand bonheur d'avoir ce collier, cette pièce unique, que Muriel portait à son cou.

Je crois que ce soir, ce *Journal* m'en est témoin, je ne réalise encore pas.

24 juin

Après une journée de négociations syndicales déprimantes, me mettant à dos tant le patron que la CFDT, j'ai téléphoné à X pour le remercier du collier du Muriel qu'il m'a offert. Il n'avait semble-t-il pas lu mon sms de remerciement hier.

Je l'ai appelé à mon retour du bureau pendant 37 minutes, comme il a l'illimité, il m'a dit de raccrocher et m'a tendu 3h59 en ligne. Ma mère s'en est fâchée, comme si j'y étais pour quelque chose.

Il ne m'a rien appris de nouveau mais des remerciements étaient plus qu'une obligation.

25 juin

Nouvelle marche au parc de Lorient, un peu gâchée par les familles de boulistes qui sans vergogne occupent les chemins destinés aux marcheurs et vous obligent à marcher dans l'herbe. Cela doit surtout se produire le week-end et à la belle saison, j'ai l'intention ferme de perdre du poids et du ventre et de faire ces marches toute l'année. Ce n'est ni astreignant, ni désagréable.

J'ai fait des courses pour la visite de ma fille demain, soit la fête des pères différée et l'anniversaire de ma fille anticipé.

X m'a appris hier des choses sur Muriel, mais je commence à douter de leur véracité, après tant d'heures au téléphone : Muriel aurait choisi de s'appeler Muriel à cause de « Muriel ou le temps d'un retour ». Mon correspondant me dit (remuant le couteau dans la plaie) que j'aurais pu contacter Muriel Baptiste, ce dont je doute car elle était à l'époque dont il parle déjà partie du métier, même si elle espérait y revenir. Une petite anecdote, mais pour moi sans intérêt, Muriel aurait reçu une lettre d'une admiratrice de 16 ans qui était hospitalisée et ne pouvait se déplacer, Muriel aurait pris le train pour la voir, et ainsi de suite...

Ces informations sont soit anecdotiques, soit tardives (mes livres sont publiés) et en raison de la mémoire et du temps écoulé, pas forcément fiables. Cela dit, ce ne sont pas des choses extraordinaires, des révélations sensationnelles. Une chose m'a mise mal à l'aise, si mes livres ne sont ni achetés ni même lus ou lus en diagonale quand je les offre (à X), il se souvient que j'ai mentionné avoir écrit au comédien Paul Mercey (qui lui était alors en activité et facilement joignable par « Unifrance » moyennant une enveloppe timbrée. Une manie m'avait prise d'écrire à quelques artistes, et le cas Mercey est un souvenir désagréable, je lui avis dit, croyant faire un compliment, qu'il était un excellent acteur de complément. Il m'avait fait une réponse au bord de la lettre d'insultes me disant de réviser mon vocabulaire car ce terme signifie « figurant ». X avait aussi noté la date de naissance de ma mère. Rien de grave mais il a lu de fond en comble mon blog, et c'est une bonne leçon, faire attention à ce que l'on écrit sur Internet. Encore que les choses dites soient authentiques et qu'il n'y ait pas déformation.

Je ne risque pas, en revanche, d'avoir des commentaires sur mes livres qui ne semblent pas mieux se vendre que ceux de Renaud Camus. Amazon me propose aujourd'hui d'annuler une commande faite de « La conversation impossible », laissant dire ainsi que le problème vient de Publibook qui m'a parlé d'une mise en place très lente sur Amazon. (Le livre se vend par le biais de la FNAC).

26 juin

On touche avec la relation de cette journée aux limites du *Journal*. Moment trop intime avec ma fille, mon gendre, mes deux petits enfants pour me livrer vraiment. Ce fut une belle et bonne journée, les enfants étant arrivés tôt, et parti vers 17h30 voire un peu plus, soit une journée familiale plus longue que d'ordinaire (enfin il me semble). Nous sommes allés voir les canards aux canaux derrière mon immeuble, pour la première fois pourtant, Lucas mon petit fils ainé ne semblait pas y tenir. Je lui ai offert un petit poste de radio « vintage », à piles, et il en était content, mais cela ne m'a pas empêché de constater qu'il traverse actuellement une période où, à la moindre contrariété, il se met dans des états de colère inquiétants.

J'ai du chemin à faire pour apprivoiser mon autre petit fils, Lohan, mais il m'a peu vu, et tout cela n'est pas grave.

Je vais tâcher de suivre le conseil de ma fille d'être positif (par rapport aux tracasseries du bureau et la CGT) car le négatif attire le négatif et le positif l'inverse, et je veux bien la croire.

Le meilleur moment de la journée fut un échange franc et cordial entre ma fille et moi. La vie fait que les enfants ne sont pas pour rester éternellement avec nous. Nous avons été d'accord tout les deux pour dire que le temps passe trop vite. Dans la page du 19 juin, je disais qu'elle m'avait souhaité la fête des pères mais n'était pas venue pour l'occasion, chose faite aujourd'hui. J'ai eu en cadeau le dernier CD de Charlélie Couture « Lafayette ».

J'espère que ma fille et mon gendre vont vite trouver une maison avec un petit jardin en location, ils sont confrontés à une rareté d'offre qui contrarie ce projet.

J'espère aussi que Lucas va trouver plus de sérénité. Et sur ce point, qui aurait mérité un développement, je n'en dirai pas plus dans ce *Journal*.

On peut s'étonner que je n'aie pas évoqué depuis deux jours le Brexit, la sortie du Royaume Uni de l'Union Européenne, je le note malgré tout. Cela mériterait de longs développements, mais ce *Journal* doit rester le reflet de ce que je ressens le besoin de dire (et encore je ne peux pas *tout dire*). Il faut aussi vivre et ne pas seulement tout transcrire ici. Le comble serait que le *Journal* prenne une importance démesurée, qui m'empêcherait de vivre tout simplement et à postériori condamnerait le *Journal* à être dépourvu de tout contenu.

Nicole Courcel est morte, je viens de l'apprendre, elle m'avait aidé, sur la demande d'André Falcon, dans mes recherches sur Muriel Baptiste en 2006. Je n'ai cependant jamais été en contact direct avec elle, André Falcon pensant qu'elle pourrait considérablement m'apprendre des choses pour enrichir ma biographie, hélas, elle ne savait rien de Muriel Baptiste et de son destin.

27 juin

Ma fille m'a dit de positiver, ce que j'ai fait aujourd'hui. Profitant d'une panne informatique au bureau, nous avons été mis au « chômage technique » pour la journée (à compter de 14h). J'en ai profité pour déménager un meuble de salon fort agréablement léger à porter, que j'ai mis dans le couloir. La place de la bibliothèque est donc faite. J'ai descendu quelques vieilleries à la cave qui est pleine mais ne comporte aucun objet de valeur. Durant mes vacances, il faut que je fasse le vide dans cette cave qui devient une véritable boutique (ou décharge) de brocanteur. Que des choses inutiles, des cartons, des appareils ménagers hors d'usage. Je n'ai pas intérêt à y entreposer du papier car j'ai noté la présence d'insectes, des lépismes (ou poissons d'argent).

Je me suis rendu ce soir au magasin But, pour m'y faire établir une carte de fidélité qui me permettra de payer en trois fois une bibliothèque vitrine 2 portes modèle Nordi, qui empiètera un peu sur la partie fixe de la porte-fenêtre du salon.

Samedi soir, je suis invité à Montoison, à une soirée de départ en retraite d'une collègue. Asocial, c'est le genre de choses que je ne prise guère mais je n'ai pas pu refuser (la personne travaille avec moi depuis 1984).

Voyant que Renaud Camus fait fabriquer ses *Journaux* en impression à la demande chez Lulu.com, et le peu d'empressement de Publibook envers le *Journal 2015*, je n'exclue pas la possibilité de faire comme lui. Vu la confidentialité des mes *Journaux,* il n'est peut-être pas nécessaire de recourir à l'édition à compte d'auteur. Je fais surtout (à la différence des biographies de Muriel Baptiste), ces *Journaux* pour moi-même et mon entourage. Je ne pense pas que cela intéresse grand monde, et me permette de faire des ventes conséquentes, déjà que mes biographies sur Muriel Baptiste ne sont pas vendues.

Aujourd'hui, je peux dire que j'ai positivé, comme dirait ma fille, et que je suis heureux de ma journée.

J'avais soigneusement emballé dans un carton les livres qui ne pouvaient plus entrer dans ma bibliothèque, ils seront donc dans la deuxième, il faudra que je me calme question achats, car je n'en aurai pas de troisième.

28 juin

Ma bibliothèque me sera livrée samedi, ce que j'ai pu négocier après une discussion téléphonique, on voulait le faire lundi ou mardi de 13h à 17h, comme si, en France, il n'y avait que des retraités, des chômeurs ou des bénéficiaires du RSA disponibles en semaine à ces heures-là, qui sont d'ailleurs exactement ceux des techniciens de l'opérateur Orange lors des ses interventions pour me réparer Internet. Orange cependant est comparable à la plupart des autres opérateurs dans ce domaine, où la sous-traitance à des entreprises privées nous met à la merci de leur bonne volonté question horaires. Il faudrait poser un jour de congé chaque fois que l'on tombe en panne d'Internet, ou d'autre chose, la télévision par câble pour parler de mon expérience.

Amazon déclare désormais que « La conversation impossible » est « indisponible », ce dont je me suis plaint à Publibook qui va intervenir une fois de plus. J'ai fait remarquer à mon interlocuteur que ce n'est pas ainsi que je trouverai des acheteurs, quoique la chose soit entendue : Muriel Baptiste n'est pas vendeuse.

J'écris évidemment pour le plaisir, mais il me serait agréable de faire quelques ventes.

Quelques tracasseries au bureau liées à la CGT, une fois de plus, mais qui ne sauraient encombrer ce *Journal*.

Concernant Lulu.Com, le gros problème est que cette société en ligne ne propose pas de correcteurs d'orthographe, de grammaire et de syntaxe, contrairement à Publibook. On peut comprendre qu'un Renaud Camus s'en satisfasse, vu la façon dont il maîtrise le français, ce qui est loin d'être mon cas. Pour le forfait à 500 euros, Publibook m'assure la correction et la mise en ligne sur divers sites marchands, ainsi que l'impression des livres.

Au sujet de Camus, il doit être bien malheureux, car ses ouvrages jusqu'en 2012 se trouvaient en vente en librairie, et désormais, seuls les gens qui le connaissent poursuivent les achats de cet auteur sur Lulu (et Blurb à ce que j'ai cru comprendre).

Moi, depuis « Muriel Baptiste, la reine foudroyée », en 2007, mes livres n'ont jamais été disponibles en librairie. Je ne me considère pas comme un véritable écrivain, mais comme un amateur. Il m'aurait plu que quelque journaliste cinématographique s'intéresse au cas de Muriel Baptiste, mais cela ne sera, d'évidence, jamais le cas. Elle est oubliée. Renaud Camus semble avoir perdu ses éditeurs (P.O.L et Fayard) par ses prises de positions politiques sulfureuses, et aussi, surtout, parce qu'il n'a jamais été rentable. Il n'est pas « vendeur », à la différence du regretté Pascal Sevran, et semble bien le dernier diariste en activité, les gens préférant lire des romans policiers que des journaux intimes.

Mais les romans policiers et de science-fiction, il s'en écrit tous les jours, et les auteurs à compte d'auteur font là une dépense inutile pour être publié. Le marché de ce genre littéraire est déjà saturé, beaucoup de livres partent au pilon, on se lance donc dans l'échec prévisible et assuré. Tandis qu'une biographie de Muriel Baptiste, cela peut toujours tenter un acheteur (certes le nombre sera très réduit). Une vente, j'entends de quelqu'un totalement étranger à moi qui trouvera le livre sur Internet, est à chaque fois une victoire. Pour une actrice qui a cessé toute activité en 1974, et qui demeure ou est devenue une parfaite inconnue pour la plupart des gens, on ne peut espérer des tirages faramineux. C'est semble-t-il ce que dois retenir de l'expérience désastreuse en 2014 chez *Persée* qui n'a pas vendu beaucoup d'exemplaires. Il aurait fallu laisser le livre prendre son rythme, et ne pas le mettre au pilon au bout d'un an, surtout lorsque l'auteur a déboursé presque 3000 euros pour le faire éditer. Cela semblait bien parti (mieux que pour *La conversation impossible* !) puisque le site Amazon se réapprovisionnait sans cesse. Il y avait 2 exemplaires en stock, puis un, puis aucun, et à nouveau d'autres. Et ce n'était pas moi qui les achetais. Ma déception fut donc grande.

Depuis que *La vie quelle gifle !* est réapparu, à l'enseigne Publibook en 2015 sur Amazon, deux malheureux exemplaires ne trouvent pas preneur, ce qui a peut-être refroidi le géant américain de s'approvisionner pareillement de *La conversation impossible*.

Comme le dit ma fille, il faut positiver ! Ce n'est peut-être qu'un épisode fâcheux, un mauvais départ de cette troisième biographie de ma chère Muriel.

Le *Journal*, lui, correspond plus au plaisir d'écrire qu'à un espoir de vente, il sert surtout de source de repères pour ma mémoire.

Je n'ai que des louanges à faire à la femme de ménage de ma mère, (elle est partiellement aussi la mienne qui l'emploie aussi), car elle me débarrasse d'un tas de choses inutiles, des boites remplies de paires de chaussures qui ne me vont plus et encombraient un placard. C'est le début de la grande opération de nettoyage que je prévois cet été.

Il y a ce que je jette et ce que j'achète. Le problème va se poser d'abord en matière de finances, je peux vivoter, certes mais pas vivre largement, un concert de Lara Fabian et d'Elton John passent, mais pas continuer à acheter des livres et des CD Ad Infinitum. Pour les livres, il y en a beaucoup que je n'ai pas lu. J'ai donc de la marge, d'autant que Renaud Camus, même auto-publié par Lulu.com, semble avoir arrêté ses parutions à 2014.

Mon point faible, ce sont les CD, même d'artistes morts, comme James Horner, dont de belles rééditions sortent, enrichies de passages inédits. Les chanteurs se raréfient, je regrette vraiment le dernier Adamo qu'il faudra que je réécoute à tête reposée. L'impression qu'il m'a faite est désastreuse. J'ai arrêté ma collection de feu Jerry Goldsmith, non que je ne l'aime plus, mais sur ces 251 CD (enfin 251 musiques de films, tout n'a pas dû sortir), j'ai 79 CD ce qui est plus que raisonnable. Je vais peut-être me laisser tenter encore par quelques Horner, mais les sélectionner avec grand soin.

J'ai grande hâte d'être à samedi afin de savoir à quel point ma seconde bibliothèque sera remplie. J'ai quelques sagas de science-fiction qui devraient me calmer pour un long moment avant d'envisager de nouveaux achats. Le temps me manque, il faudrait que je sois déjà à la retraite tant j'ai de choses à faire, et notamment à lire et à écouter.

29 juin

Je me suis levé de bonne humeur, mais voilà le genre de journées perdues au bureau, où toute mon énergie y passe. Je gagne ma vie à la perdre. Quel courage me reste-t-il devant ce *Journal* après m'être épuisé au travail, par manque de personnel, obligation de travailler trop vite sans prendre le temps de bien faire les choses à mon rythme ?

Il a fallu que je me force pour aller aux soldes acheter quatre polos manches courtes.

Pourquoi ne suis-je pas né rentier ? Le jour où je serai en retraite (il est loin), je n'aurais plus la forme que j'ai aujourd'hui. Les vacances et les RTT existent (ces derniers jusqu'à quand ?) mais l'on passe le meilleur de sa vie au travail.

J'ai su qu'il y avait eu un attentat en Turquie. Nous sommes partis pour des années de peur et de terrorisme, d'autant plus que des actes isolés se réclamant de l'état islamique ont tendance à se perpétuer.

1er juillet

Pas de journal hier, je me suis pris la tête avec Amazon et Publibook au sujet de mon livre « Muriel Baptiste, la conversation impossible », qui n'est toujours pas référencé sur Amazon.

J'ai dû mettre la photo du livre sur le site, et en propose des exemplaires que je devrais expédier si on me les achète.

Une opératrice d'Amazon (service clientèle) n'a su quoi me répondre, et m'a dit que le service auteur me rappellerait, ou m'enverrait un mail. Le mail reçu me propose un système « avantage » mais pour cela, condition rédhibitoire, il me faut un numéro de TVA. J'ai protesté par plusieurs courriels auprès de Publibook qui n'a rien fait à ce jour. On m'assure toujours que l'on va remédier à la situation, mais ce jour (1er juillet), Amazon précise bien qu'il n'y a pas d'accord entre mon éditeur et eux. J'ai donc fait une copie de ce mail à Publibook qui va réétudier la question.

« Monsieur bonjour, nous sommes au courant de ce souci chez Amazon et l'avons déjà répertorié. La personne en relation avec eux l'a noté et tout devrait être rétabli dans les prochains jours. Cependant, il faudra attendre qu'Amazon mette leur fiche à jour et ne travaillant pas chez eux, nous ne pouvons prendre la main sur leur système, vous comprendrez bien. Vous remerciant de votre compréhension. »

Mais Amazon ne l'entend pas de cette oreille : « Bonjour, suite à votre demande, je vous informe que votre livre apparaît comme « indisponible » car nous n'avons pas de stock dans nos entrepôts. Sur Amazon.fr nous travaillons avec nos fournisseurs (pas de virgules mise entre « Amazon » et « nous travaillons ») pour avoir le meilleur stock possible afin de répondre au mieux au besoin de nos clients. Si votre livre n'est pas en stock sur Amazon.fr, nous vous recommandons de contacter votre distributeur ou éditeur pour vérifier s'ils ont bien un accord avec Amazon. Votre éditeur a la possibilité de contacter directement le département concerné en se rendant sur l'extranet (...)

Mail que j'ai répercuté à Publibook. Nouvelle réponse : « Je retransmets votre mail à notre service de commandes afin qu'elle (le service ?) y donne suite n'étant pas dans mon service en contact avec eux. Merci pour ce retour et bonne fin de semaine ».

J'ai rappelé Publibook à l'instant, le problème est identifié, et devrait se solutionner en fin de semaine prochaine. Tout cela ressemble à une mauvaise blague style « Le 22 à Asnières ». C'est le serpent qui se mord la queue. « Nous ne travaillons pas à Amazon, me dit l'interlocutrice de Publibook », soit, mais depuis des semaines (Le livre est sorti le 11 mai 2016), on me répète la même chose.

On se doute en me lisant que le *Journal 2016* sera publié chez Lulu.com et pas chez Publibook. Pauvre Muriel Baptiste, elle n'avait pas mérité cela.

Pour le livre de Muriel, si rien ne change, et c'est parti pour, je peux toujours faire adresser par Publibook à mes clients des exemplaires en étant « particulier » selon le principe Amazon Marketplace. Car je ne veux pas avoir du stock chez moi et affronter les services de la poste pour les expéditions !

Je me calmerai sans doute demain si tout se passe bien pour la livraison et le montage de ma bibliothèque. La soirée, comme je l'ai dit le 27 juin, je suis invité à un départ en retraite, sur une route réputée pour ses gendarmes et contrôle alcootest. Ah, si je pouvais louer un « Sam » !

Si j'étais riche, mais je ne vois pas comment je le deviendrai à 57 ans, je fonderai ma propre maison d'édition et publierai mes ouvrages, mais aussi rachèterai à l'INA les droits des feuilletons et téléfilms de Muriel pour les mettre en vente en DVD sur le marché.

Renaud Camus après son renvoi de Fayard et deux *journaux* auto publiés par Lulu.com semble avoir jeté l'éponge, ses journaux 2015 (terminé) et 2016 (en cours) ne sont disponibles que sur son site en lecture payante (il appelle cela « crédit de lecture »).

3 juillet

On m'a livré hier ma deuxième bibliothèque et elle m'émerveille. Je peux enfin y ranger tous mes livres culte. C'est la grande satisfaction de ce week-end et je ne me souviens pas avoir été aussi heureux depuis longtemps.

Cet après-midi, j'ai voulu aller voir « Ninja Turtles 2 » avec l'actrice Megan Fox que j'adore, voici une petite critique du film, qui m'a bien déçu. Je trouve que c'est actuellement l'actrice la plus excitante (sexuellement) la plus *bandante*, l'équivalent de Lesley Ann Warren pour les années 2010, mais si elle posa en lingerie et fort dévêtue pour le magazine FHM, ses films sont trop sages.

Très déçu par cette suite par rapport au premier volet de 2014, qui était plaisant à voir. Ici, les comédiens (aka les humains) tiennent la part congrue, on voit essentiellement les Tortues Ninjas contre une entité extraterrestre.

Concernant les comédiens, on introduit deux nouveaux personnages : un convoyeur de prisonniers qui veut passer son examen d'inspecteur de police (joué par Stephen Amell) et une femme policière en chef rébarbative, (Laura Linney qui fait beaucoup plus que son âge, je vois sur Imdb qu'elle est née en 1964).

Malheureusement, la construction narrative privilégie tant les personnages de film d'animation (auquel le film entier fait penser) que leurs personnages sont à peine esquissés et que l'on s'en désintéresse vite.

On a fait de Vernon/Will Arnett (très bon dans le premier film) un personnage arrogant, imbu de sa personne et antipathique. Quand au meilleur, que je garde pour la fin, la sublime Megan Fox, à part de balader en T Shirt moulé, ce que l'on apprécie hautement, on se demande souvent ce qu'elle fait là, à la limite de la figuration, ses scènes sont limitées, peu convaincantes. Quel dommage qu'elle ne choisisse pas de jouer les garces, les femmes fatales, un peu façon Angelina Jolie dans le remake de "La sirène du Mississippi" sorti sous le titre de « Péché originel » en 2001 avec Antonio Banderas, un film nettement plus érotique que celui de Truffaut où Catherine Deneuve était un glaçon. Megan pourrait jouer un remake de « La fièvre au corps » sans problèmes, l'un de mes films préférés.

Contrairement au premier film, cette suite aurait pu se passer des acteurs et être un simple film d'animation.

L'absence d'un méchant persuasif, comme l'était Erich Sachs, joué par l'excellent William Fichtner, mort dans le premier film, nuit aussi beaucoup au film.

Avec la fin "ouverte", j'espère qu'il n'y aura pas un Ninja 3, et si tel est le cas, que surtout Megan Fox n'y figurera pas.

J'ai pris mon billet pour Paris, pour aller sur la tombe de Muriel le dimanche 7 août. X devrait venir me chercher à la gare et m'accompagner pour la journée.

Plus que par Megan Fox, je suis déçu par Renaud Camus dont le *Journal 2013* est interminable. On sent que l'éditeur aurait fait procéder à des coupes (nombreuses répétitions) mais Camus, limogé par Fayard, livré à lui-même croit bon de prolonger à 655 pages le contenu d'une année.

Après *Morcat*, son *Journal 2014,* la lecture de sagas de science fiction laissées en souffrance me divertira un peu de ses trop longues digressions.

Je trouve que l'on en fait trop pour la mort de Michel Rocard (premier titre au journal télévisé samedi soir et ce dimanche).

Le week-end a passé trop vite, et j'ai bien perdu mon temps avec « Nina Turtles », j'espère que vite, très vite, Megan Fox tournera un film avec des scènes où sa plastique prendra bien la lumière.

4 juillet

Ce matin, je n'en croyais pas mes yeux, une collègue de travail en vacances, XXX, m'avait écrit sur ma messagerie à 3 heures cinquante sept du matin. Malheureusement, j'ai vite pensé à un piratage d'adresse.

« Bonjour. Tu vas bien j'espère ? Serais-tu disponible à me répondre par mail ? J'ai un problème urgent à t'expliquer. XXX »

J'ai répondu avec prudence : « Bonjour, oui je peux te répondre, quel est ton problème ? Patrick ».

A 11h14, la supposée XXX répondait, sous le titre « Merci pour ton écoute » (le message nocturne s'intitulait « Besoin de toi ») : Merci pour ta réponse, en effet, je suis en déplacement à Ajaccio où j'ai quelques soucis en ce moment, je me suis fait voler mon sac de voyage contenant mon telephone et l'argent liquide, je dispose de la carte prépayée PCS Mastercard, mais il n'y a aucun centime. J'ai besoin que tu m'achètes quatre coupons-recharge PCS Mastercard de 250 euros (1000) afin de recharger ma carte prépayée ; je te rembourserai dès mon retour. Si tu es disposé à m'aider, je te dirai où tu pourras les acheter ».

J'ai le numéro de portable de XXX, je l'ai appelée, mais suis tombé sur son répondeur. J'ai ensuite appelé son mari, dont le numéro était indiqué sur le message du répondeur, mais il est impossible à joindre.

A 11h37, XXX me laissait un SMS : « Hello ! Tout va bien, messagerie piratée… ». J'ai répondu par retour de SMS « Je suis tranquillisé ».

D'une part, je ne dispose pas de 1000 euros à prêter, d'autre part mes relations avec XXX ont toujours été distantes, purement polies. Récemment, il m'a semblé, mais il s'agit peut-être de paranoïa de ma part, qu'elle me battait froid, ayant pu, par intuition féminine, découvrir qu'elle ne me laisse pas indifférent.

Le reste de la journée a été morne. Mon demi-frère André ayant été victime d'un semblable piratage (qu'il m'a raconté car l'imposteur ne m'a pas contacté), je m'étais douté rapidement de ce qu'il se passait.

5 juillet

Je viens d'écouter l'un des deux CD de « Braveheart » et me dis que la perte de James Horner est décidemment une chose évidente. Mais ma mère veut écouter et voir le journal télévisé de TF1, je reprendrai l'écoute demain.

La réunion syndicale que j'appréhendais s'est bien passée, une responsable régionale qui s'était invitée est venue malgré la grève (je n'ai fait qu'une heure). L'ambiance était tolérable car de mes détracteurs, la plupart étaient absents.

Il n'empêche qu'il me faut trouver un remplaçant, qu'il n'y a plus aucun plaisir à être délégué syndical avec deux ou trois (ou plus) « camarades » qui ne me veulent pas à ce poste (deux voix contre, deux abstentionnistes le mois dernier au vote).

Perte d'un important modérateur sur le site « Le monde des Avengers » où j'ai rapidement chroniqué aujourd'hui le neuvième épisode de la saison 3 de « Opération vol ». Le responsable d'Elephant Films m'a assuré ce matin que je vais avoir les DVD manquants de « L'homme de fer » et du « Virginien ». Je pourrais alors potentiellement terminer deux séries, « L'homme de fer » et le présent « Opération vol ». Il me restera « Alias Smith and Jones », « Le Virginien », « 200 dollars plus les frais » pour ce qui concerne le partenariat Avengers/Elephant.

Denis C. qui est l'un des piliers du forum et du site avengers menace de s'en aller à la suite d'un conflit avec un autre modérateur. Il me semble que les jours de ce site sont comptés. Dans ces conditions, une fois mes devoirs accomplis envers les DVD offerts par Elephant, cela vaudra-t-il la peine de terminer « Cannon » (qu'il me faudrait acheter pour les saisons 4 et 5) et une série actuelle (que je devrais enregistrer lorsqu'elle sera diffusée, « NCIS Nouvelle Orléans » avec mon cher Scott Bakula ? Tout cela au détriment de ce *Journal*. Je suis sceptique.

Les jours passent et le bonheur de contempler ma bibliothèque où sont rangés mes livres culte reste entier. J'aurais dû me l'offrir plus tôt.

En livres, dès le journal 2014 de Renaud Camus terminé, je vais me jeter sur les sagas de science-fiction dont je n'ai pas terminé (voire commencé) la lecture. Je dois réduire mes dépenses en juillet.

7 juillet

J'ai acheté le *journal 2015* de Renaud Camus en ligne hier. J'en suis au 15 mars. Le soir, je lis parallèlement la version papier de l'ultime sorti ainsi, celui de 2014.

Lire en ligne contrairement à une idée mienne préconçue ne fait pas mal aux yeux. Bien entendu, j'aime avoir le livre en tant qu'objet, mais force est de reconnaître que sur le site de Camus, le journal se lit agréablement car écrits en caractères assez gros, plus que dans la version papier où je crois parfois être atteint de la DLMA, les lignes se croisant lorsque j'ai les yeux fatigués.

Comme il vend son journal en ligne, Camus se croit obligé de mettre une entrée chaque jour, chose que je ne fais pas ici quand je n'ai rien à dire, ce qui privilégie quantité à qualité, dommage.

Ces jours-ci, je suis préoccupé de moins penser qu'avant à Muriel Baptiste. L'histoire que j'ai appris en novembre décembre 2015 à son sujet, et que j'aurais préféré ignorer à jamais, a un peu écorné le mythe, mais je pense que cette baisse de passion est toute provisoire, car elle est la femme de ma vie, la seule, et pour l'éternité.

8 juillet

Mauvaise surprise ce matin : je suis banni du forum de l'In-nocence (de Renaud Camus) par un de ses bouledogues enragés pour avoir osé émettre des réserves sur le fait que l'auteur, qui publie désormais son journal en ligne, fasse une entrée chaque jour, même lorsqu'il n'a rien à dire, et que cela se ressente.

J'ai été incroyablement vexé par la réflexion d'une collègue de travail qui, sans méchanceté, et se croyant drôle, alors que j'ouvrais la bouche pour dire une plaisanterie, m'a répliqué qu'elle pensait que je dormais toujours et m'étais réveillé.

Voilà donc l'image que je donne à des collègues (en la matière une syndicaliste CFDT qui me voit rarement, ce qui est encore plus inquiétant). On a dû me faire la réputation de la caricature de Jean-Marc Ayrault aux « Guignols de l'info » ou chez Nicolas Canteloup. Je suis discret, alors je dors.

Publibook m'envoie les épreuves du *Journal 2015* qui ne font que 90 pages, ce qui sera bien inférieur à ce journal ci écrit en direct, et non à postériori comme celui de 2015.

Mais la mise en vente de « Muriel Baptiste, la conversation impossible » par Amazon n'est toujours pas faite, autrement que par moi qui en propose en tant que vendeur d'occasion (Marketplace) trois exemplaires. J'ai dit que dans ces conditions, je bloquais la suite des paiements et de la publication du *Journal 2015*. De toute façon, je peux écrire ici sans me censurer, le *Journal 2016* ne sera jamais confié à Publibook en qui j'ai perdu toute confiance.

Ce qui m'a irrité, c'est que mon interlocuteur, Yannick Even, ne s'occupe pas du référencement sur Amazon, ce n'est pas sa partie, mais celle d'une dame nommée Maimouna Diouf, qui elle n'a pas fait son travail. Il ne se sent pas « concerné » alors que Publibook est une toute petite structure. Je ne suis pas pressé de lire les 90 pages du *Journal 2015* et mon bon à tirer, ainsi que mon virement, il les attendra longtemps.

L'erreur fut de confier le journal intime, qui se vendra à quelques exemplaires, à Publibook, au contraire des trois biographies sur Muriel Baptiste.

J'ai fait deux mails assez secs à la personne responsable Maimouna Diouf. Quoi qu'il en soit, je vais chercher d'autres rivages, la confiance en Publibook est érodée. Le problème est peut-être ailleurs : j'ai regardé des titres d'ouvrages publiés en même temps que le mien chez Publibook, et apparemment, ils ne sont pas en vente sur Amazon.

9 juillet

Je lis en parallèle le journal 2016 (« Insoumission » écrit au jour le jour), 2015 (« La tour ») sur Internet, et en papier 2014 (« Morcat ») de Renaud Camus. La qualité a baissé, avec une entrée par jour. Je crains à force de me lasser.

Il fait incroyablement chaud, je n'ai pas la climatisation chez moi, tout juste une colonne de ventilateur, qui à force souffle de l'air chaud.

Il y a Annie Sinigalia dans l'épisode de « Maigret » de ce soir sur D8, elle y a 56 ans et c'est je crois bien son dernier rôle. Je ne l'aime pas beaucoup, elle fut la meilleure (mauvaise) amie de ma chère Muriel Baptiste.

J'a vu ce soir que je pouvais adresser un stock de livres de « Muriel Baptiste, la conversation impossible » qui les expédiera pour moi, c'est le système « Seller Central ». Si j'attends après Publibook, je peux attendre longtemps, il faut que j'aie quatre ou cinq exemplaires de disponibles et les envoie pas UPS à Amazon. Ma première impression est que cela est assez compliqué à réaliser, pour des livres qui ne se vendront peut-être jamais.

10 juillet

FNAC, tout comme Amazon, ne vend plus mes livres Publibook, et je me demande si les accords de partenariats entre l'un et les autres n'ont pas été tout simplement rompus.

L'éditeur à compte d'auteur Panthéon m'a relancé plusieurs fois pour avoir « La conversation impossible », mais demande le double de Publibook pour publier (Il possède le partenariat FNAC Amazon). Mais le livre « La conversation » est maintenant publié. Une solution consisterait à écrire, parallèlement à ce *journal* un quatrième livre sur Muriel cette-fois pour Panthéon. Chose que je n'ai pas encore décidée.

Pour le *journal 2016,* je constate que Lulu est incroyablement compliqué. En tout cas bien plus difficile que je le pensais. L'avantage est que cela ne demande pas une mise de fond au départ, puisque Lulu est gratuit. Je ne cherche pas de toute façon une large audience pour mes journaux intimes. L'argent que je n'investirai pas chez Publibook pour le journal 2016, soit 500 euros et sans espoir de vente, représente un peu moins de ce que demandait Panthéon pour éditer « La conversation », soit 1180 euros, sans la correction.

Ecrire, pendant mes vacances, une nouvelle biographie sur Muriel pour Panthéon est une chose que je n'exclue pas (mais n'ait point encore décidé), ayant découvert quelques éléments nouveaux que j'ai pu glaner. Mais avant cela, il faut que je sache pourquoi les ouvrages

Publibook (pas seulement les miens) ne sont plus référencés sur Amazon et Fnac.

Demain, Muriel aurait eu soixante treize ans.

La lecture en ligne des journaux de Renaud Camus me lasse. Rien ne remplace un livre.

(Plusieurs heures plus tard)

Le fait de proposer une biographie mise à jour, écrite par exemple à la première personne comme si Muriel le faisait, est une chose qui ne me paraît pas saugrenue et que je proposerai peut-être à Panthéon, à moins que Publibook ne revoie sérieusement ses circuits de vente (Amazon, Fnac).

Ce qui est inquiétant en revanche, c'est mon extrême maladresse avec Lulu. Il me reste du temps pour m'y faire (le *journal 2016* après le 31 décembre).

11 juillet

Mon Dieu que les Français sont cons, à pleurer pour une partie de football perdue. Cet enfant portugais consolant un joueur effondré était admirable, mais l'on se demande qui était l'enfant et l'adulte.

On se croirait aujourd'hui en deuil national.

X m'a envoyé des photos prises par un portable très approximatif de la tombe de Muriel qu'il a fleurie. On ne peut agrandir les photos, elles deviennent floues. Il me propose pour ma visite annuelle de la tombe de Muriel de voir ladite tombe en dernier, et d'aller avant 24 rue Pigalle, puis 12 rue Pierre Budin, ensuite à l'endroit où se trouvaient les studios des Buttes Chaumont (qu'il faudra imaginer, ils n'existent plus). Le fait de voir la tombe en dernier ne me rassure pas. Le cimetière ferme à 18h en été, et mon train repart à 17h41.

Je ne peux laisser ma mère seule à la maison, et ferai l'aller retour dans la journée en TGV.

Les éditeurs de Muriel semblent tous en vacances, personne ne répond, et il est vrai, comme le souligne quelqu'un qui se reconnaîtra, que ces opérations sont financièrement fort onéreuses pour moi. Pour des livres que personne n'achète, en fin de compte.

Ma soirée Muriel est habituellement le dimanche, mais ma mère ayant voulu voir la finale de l'euro, c'est ce soir que je retrouve « Les dernières volontés de Richard Lagrange », une journée symbolique.

Il faut que je pense à l'amour, celui que m'inspirait et m'inspire toujours Muriel, et non à cette peste qui persiste à rester à la CGT (elle fait partie de ceux qui depuis novembre 2015 me pourrissent la vie) et refuse de faire demain matin le voyage jusqu'à Privas, allant jusqu'à user des prétextes les plus éculés (« J'ai mal aux mains, je ne peux conduire, et je veux aller à la réunion dans la voiture des élus CFDT). La question que je me pose est pourquoi pense-je plus à cette idiote qu'à ma chère Muriel ?

Muriel mérite de capter toutes mes secondes. Je ne devrais penser à rien d'autre.

Ecrire un autre livre sur Muriel pendant mes vacances me tente bien, mais il serait dans la veine romanesque de « La conversation impossible ». En tout cas, cela ne serait pas pour Publibook. J'ai été trop déçu. Mais bon, c'est une grosse dépense, bien plus que ma bibliothèque qui me charme tant.

Les éditeurs à compte d'auteur se font de l'or sur ceux qui veulent absolument accéder au livre, à leur livre édité.

12 juillet

Après une relativement bonne journée, j'ai laissé tomber Lulu (Renaud Camus doit se faire aider pour l'utiliser) pour revenir à Books on Demand, éditeur gratuit (qui évidemment ne corrige pas les fautes d'orthographe).
J'ai après quelques problèmes techniques pu mettre en chantier et commander un exemplaire de *Journal 2016 janvier juin, première partie.*

Bien entendu, je n'en resterai pas là au niveau éditorial, si les choses s'arrangent avec Publibook, début 2017 je ferai publier l'intégralité du *Journal 2016*. Il sera alors mis en forme, avec la ponctuation, la syntaxe, l'orthographe et la grammaire vérifiés.

Tant Publibook que Panthéon semblent en vacances (c'est la semaine du 14 juillet) car je n'ai aucune réponse à mes propositions et réclamations.

J'ai publié le trop court (et par conséquent sans intérêt, après coup) *journal 1973* chez Book on Demand. Leurs ouvrages, alors qu'ils ne coûtent quasiment rien, sont d'une qualité appréciable. L'ayant en mains, mais ne l'ayant offert à personne (78 pages écrites en gros caractères pour 10 euros !), je peux néanmoins juger de l'opportunité de publier la moitié (non corrigée) de mon *journal* de l'année en cours.

Le *journal 2016* de toute évidence sera long, je tenais donc déjà à disposer d'une partie de l'année, que j'ai découpée en six mois déjà écrits, comme si je devais mourir demain (Bonjour Fugain !) et s'il y avait le feu au logis.

Je suis hésitant concernant le nouveau livre sur Muriel (soit une version modifiée de *La conversation impossible*, soit un nouveau livre écrit en août). Vu les prix de Panthéon, les deux me semblent difficilement une chose envisageable, et la première hypothèse me siérait davantage.

Le *journal* 2016 de janvier à juin totalise déjà 192 pages, et à ma grande déception, celui de 2015 (en stand by chez Publibook) ne propose que 90 pages.

En tout cas, je ne manque pas de projets littéraires, et j'en suis heureux, car Muriel Baptiste est toujours au centre de tout cela, je continue donc à la faire vivre.

Il me faut maintenant apprendre la patience, j'avoue que le *Journal 2015* trop court n'est pas mon attente principale, je me concentre sur l'édition mise à jour de *La conversation impossible* ou d'un autre ouvrage (mais les deux peuvent exister, il faudra seulement prendre du temps pour séparer leur sortie), l'autre ouvrage pouvant bénéficier d'une photo de Muriel en couverture, la dernière dont je possède les droits.

J'avoue que je me sentirai mieux si le problème avec Publibook se solutionne vite. Que mon nouveau livre « La conversation impossible » ne soit pas en vente à part chez l'éditeur me contrarie beaucoup.

13 juillet

Je me suis entretenu au téléphone peu avant midi avec Sandrine Ramos de Publibook qui m'assure qu'un certain « Pierre » va intervenir auprès d'Amazon pour que tout rentre dans l'ordre et que mon livre « La conversation impossible » (déclaré « Indisponible ») soit à nouveau en vente sur ce site. Je ne cache pas que je désespère, car cette promesse m'est faite depuis des semaines, j'ai pu acheter un exemplaire (qu'Amazon ne m'a toujours pas livré) et depuis le livre est en rupture de stock.

Sandrine Ramos m'assurait que le livre était en vente à la FNAC, elle a dû convenir que c'est un vendeur d'occasion (et lui seul) qui proposait l'ouvrage.

En fait, tous les nouveaux ouvrages, du moins ceux publiés de façon contemporaine au mien, semblent dans la même situation, du moins sur Amazon. Mais madame Ramos m'assure que les liens transactionnels entre l'éditeur et les deux sites ne sont pas rompus.

Tout cela me contrarie fortement, je ne lui ai pas caché que j'avais un *Journal 2015* en attente de finalisation chez eux, et que pour le moment je ne donnais pas suite.

Ecrire un autre livre sur Muriel et le proposer à Panthéon (qui ne se manifeste plus), si c'est pour aboutir à la déconvenue Persée en 2014 qui n'a laissé le livre qu'un an en stock, serait décourageant.

On le voit, c'est surtout cela qui me préoccupe en cette veille de 14 juillet. Ce ne sont pas des soucis très graves, mais qui me laissent des points d'interrogation déplaisants.

« La conversation impossible » me plaît bien, et je ne suis pas sûr de retrouver la veine pour un autre ouvrage « romanesque » sur Muriel, qui au passage, rétablirait la vérité sur le creux de la vague de la carrière de l'actrice en 1968-69 dont tout le monde se fiche.

Lire Renaud Camus (journal 2015) en ligne se révèle finalement pénible et moins attractif qu'un livre papier, contrairement à ce que je disais. A propos de cet écrivain, il note dans son journal qu'il refuse de prêter ses livres et notamment à un jeune visiteur et ami « Les mots sous les mots », d'un certain Strarobinksi, ouvrage sorti chez Gallimard en 1971 et disponible sur Amazon pour 19,50 euros. Je me souviens que Georges Brassens avait ses livres en double ou triple exemplaire pour toujours en donner un. Dans son journal 2012, Camus déclare (alors qu'il est sans le sou, en Italie) acheter un ouvrage franco-italien d'Yves Bonnefoy, je l'ai retrouvé ce soir sur Amazon It, « L'opera poetica, testo francese a fronte », mais Camus indique que son exemplaire, acheté le 1er septembre 2011 à Mantoue, comporte 1697 pages, celui d'Amazon Italie en fait 1832 et date de 2010.

Dans son journal 2015, je viens de lire sa haine de Claude François et Joe Dassin. Il n'aime que la musique classique et admet qu'il aurait aimé naître des siècles avant, qu'il appartient à une autre classe et à une autre époque. J'aurais moi aimé être le contemporain de Muriel (donc naître un peu plus tôt) afin de profiter de sa carrière, avortée en 1974.

Personne n'est jamais satisfait de son sort. Camus déclare détester la science-fiction et trouver laides les bibliothèques qui ornent ce genre d'ouvrages. J'ai parfois bien du mal, à part son écriture savante, à comprendre pourquoi je lis encore Renaud Camus. Si Jean d'Ormesson avait publié son *journal,* il aurait sans doute succédé dans mes lectures à Pascal Sevran.

14 juillet

Beau rêve, cette nuit, de Muriel Baptiste. Cela m'a mis d'excellente humeur.

J'ai terminé la lecture en ligne du *Journal 2015* de Renaud Camus, lequel avoue (mais sans doute exagère-t-il) ne vendre que quatre ou cinq exemplaires de certains des cent ouvrages qu'il a publiés.

Je crains un peu de lasser en faisant un nouveau livre sur Muriel Baptiste si peu de temps après le dernier, *La conversation impossible.* Surtout que tout cela est dû à un imbroglio avec la mise en vente sur Amazon et Fnac de ce livre par Publibook.

Si vraiment les choses ne s'arrangent pas, je verrai avec Panthéon (si tant est qu'ils veuillent toujours de moi) pour la version mise à jour de cet ouvrage.

J'ai découvert hier (tardivement) Jean D'Ormesson avec un livre sien de 2010, « C'est une chose étrange à la fin que le monde ». D'Ormesson dans ce livre oppose les évolutions de la science, de Platon à Darwin, avec l'existence de Dieu. C'est beaucoup plus facile à lire que Renaud Camus, qui multiplie les triples parenthèses et les imparfaits du subjonctif, alors que j'avais un préjugé sur les livres de D'Ormesson que je croyais ennuyeux.

Mes deux bibliothèques se répartissent en plusieurs genres : le roman policier : Arsène Lupin, Sherlock Holmes, Le Saint, James Bond qui doit représenter le quart de mes livres. J'ai aussi beaucoup de biographies et d'essais (essais par exemple sur le terrorisme années 70 – Carlos, Action Directe mais aussi les grands bandits genre Mesrine ; ajoutés à d'autres phénomènes qui me passionnent, peut être passés d'actualité comme l'existence de Nessie, le monstre du Loch Ness), le troisième genre est majoritairement illustré par la littérature, en particulier le genre *Journal intime* Pascal Sevran et Renaud Camus mais pas seulement, les diaristes étant rares, et donc on y trouve D'Ormesson. Enfin la littérature de science-fiction qui est constituée d'épais volumes, Pierre Bordage et ses *guerriers du silence* par exemple mais aussi beaucoup de classiques incontournables de la SF anglo-saxonne.

Il y a des livres que j'ai lu plusieurs fois et connais par cœur, tels les *James Bond*. Mais avant de songer à acheter de nouveaux ouvrages, il m'en reste beaucoup à découvrir. Celui de D'Ormesson est étonnamment court (moins de 300 pages en gros caractères acheté à l'époque où j'étais adhérent France Loisirs). On en revient toujours chez moi à Muriel Baptiste, Koba Films a mis en vente sa série « La princesse du rail » en DVD en exclusivité France Loisirs en novembre 2008, avant de la vendre au public en juin 2009. On devine donc que j'ai adhéré à France Loisirs à l'époque. Ce qui me vaut – pour la période où je fus adhérent – quelques livres jamais déchiffrés, comme le d'Ormesson agréable à lire. Je prenais pendant ma durée d'adhésion le livre le moins cher et à peu près intéressant (il fallait en acheter un par trimestre). Heureusement, je n'ai pas acheté n'importe quoi, il y a un recueil Jean Giono que je me promets de lire, et surtout des livres de science-fiction.

Pour ceux qui n'ont jamais été adhérents, France Loisirs vous oblige pendant au minimum deux ans de rester avant de résilier votre contrat.

15 juillet

Depuis que je tiens ce journal, début 2015, l'horreur des attentats islamistes aura frappé quatre fois (Charlie Hebdo, Bataclan, Bruxelles et aujourd'hui Nice).

Ce soir, le défilé d'images effroyables s'est arrêté car à Valence, Numéricable est en en panne.

Du coup, plus de télé, plus de fixe, plus d'Internet, mais dans ma grande sagesse, j'ai gardé le fixe et Internet à Orange (payant ainsi deux abonnements), étant absolument accroc à Internet), sinon je serais ce soir isolé du monde. Quant au fixe, j'ai gardé celui d'Orange, indispensable pour un éventuel accès Internet et donc ne me sers pas de celui de Numéricable.

Point de télé, je termine la série des « Columbo » avec un DVD, le 66e épisode, « La griffe du crime », que je connais malheureusement bien trop l'ayant vu plusieurs fois sur TV Brelzh.

Quant à l'attentat, je ne sais quoi dire : nous sommes en guerre avec un ennemi qui est à l'intérieur de nos frontières. Il faut renforcer les services de renseignement, quitte à limiter nos libertés individuelles. On ne sera plus tranquille nulle part tant que l'on n'aura pas éradiqué ces racailles.

J'avoue cependant ne pas voir de solutions dans l'immédiat. Cette situation est la conséquence d'années de laxisme envers des populations dites « sensibles » qui haïssent la France. Je m'arrête là, je ne dirai que des banalités.

J'ai lu tard hier soir, sans arriver à le terminer, le premier et dernier livre que je lirai de Jean d'Ormesson. Après un début prometteur, j'ai trouvé cela vraiment mauvais. Je ne suis même pas certain d'avoir envie de le terminer.

A une énième réclamation, Elephant Films me dit qu'ils vont m'envoyer les coffrets DVD promis (« L'homme de fer », « Le Virginien » ...) Je n'y crois plus. En revanche, je ne relance plus Publibook. J'ignore ce qu'il se passe entre eux et Amazon et FNAC, mais cette affaire m'a mis à bout de patience.

J'ai acheté aujourd'hui un cadre pour une photo de ma grand-mère que j'avais transféré de l'ancienne à la nouvelle bibliothèque, cadre qui était hors d'usage. Le vendeur, une boutique marchande (un photographe) de Géant a eu l'amabilité de me le changer et d'y mettre la photo.

Après y avoir beaucoup réfléchi, je ne veux pas lasser mes lecteurs avec une nouvelle histoire sur Muriel Baptiste, il y en a déjà trois en circulation, et je doute de trouver l'inspiration pour ne pas me répéter.

Je n'ai pas pris de décision pour le *Journal 2015* dont je regrette bien d'avoir payé la moitié et signé le contrat avec Publibook.

Mes petites histoires sont dérisoires face aux victimes de Nice (et des prochains attentats de Daesh).

16 juillet

J'ai voulu prendre des nouvelles aujourd'hui de l'actrice italienne naturalisée australienne Greta Scacchi, qui se trouve être la vedette de deux de mes films culte, « Un homme amoureux » de Diane Kurys (1987) avec Claudia Cardinale, Peter Coyotte, Jamie Lee Curtis (comédienne vedette de « Halloween » et fille de Tony du même nom), Vincent Lindon, et surtout de « Les vaisseaux du cœur » (1993) où elle jouait avec son mari d'alors, Vincent d'Onofrio, dont elle divorça. Il s'agit de l'adaptation d'un roman de Benoite Groult qui vient de nous quitter, dans laquelle on trouve aussi l'ex-James Bond girl Claudine Auger (incarnant sa mère) et le film est signé Andrew Birkin, le frère de Jane. Le film est passé inaperçu en France, et a connu une carrière discrète en langue anglaise sous le titre « Salt on your skin » (du sel sur ta peau).

Comme Geneviève Bujold (pour « Obsession » de Brian de Palma et « Coma » de Michael Crichton), Greta, sans être une de mes actrices préférées, a été la vedette de deux films que j'adore, un peu par hasard, car je n'ai pas suivi la carrière de ces dames ensuite.

Quel choc en voyant Greta Scacchi sur Internet aujourd'hui, alors qu'elle est ma cadette d'un an (1960). Et encore, elle n'a pas eu recours à la chirurgie esthétique, ni ne semble avoir trop fumé. J'ai quand même du mal à me faire à la Greta Scacchi de 56 ans (même si, selon l'expression consacrée, je n'irai pas coucher dans la baignoire). Cela dit, j'ai 57 ans et suis plus décati qu'elle.

Dans les photos 2016 de Greta, il y en a où elle est encore présentable, sans doute maquillée, mais l'une où elle fait bien plus que son âge (ou bien fait-elle son âge en réalité, et sur les autres plus jeune ?)

C'est une terrible chose que de vieillir. Les actrices semblent en être plus affectées que les acteurs, je regardais une photo récente de « Rick Hunter » Fred Dryer, lequel a 70 ans, mais on le reconnaît parfaitement même si les cheveux ont blanchi. Alors que sur l'une des photos, je n'aurais pas reconnu Greta. En 2016 si je l'avais croisée dans la rue, je serais passé sans la voir. Mais la photo ne l'arrange peut-être pas ? Muriel Baptiste elle ne vieillira pas et me laissera éternellement l'image de sa beauté.

Je ne voudrais pas paraître mufle et Greta garde son charme et sa splendeur, en particulier ce regard qui respire l'intelligence car elle n'a jamais capitalisé sur son seul physique.

J'ai enfin terminé les *journaux* de Renaud Camus et pour l'heure ai eu envie de relire (pour la énième fois) « La jetée sous la lune » (The end of the pier) de Martha Grimes. Cette écrivaine américaine est surtout connue pour sa série « L'inspecteur Jury de Scotland Yard », auquel n'appartient pas « The end of the pier ». A noter que certains des personnages de ce roman (mais cela ne fait pas le compte car il n'y font que des apparitions) ont été repris dans l'autre série de Martha Grimes, « Emma Graham », qui conte les aventures extraordinaires (aux limites du genre policier, quasi surnaturel) d'une gamine de douze ans qui élucide des affaires datant de trente ou quarante ans en arrière, tout cela dans la même petite ville de Nouvelle Angleterre que « The end of the pier ». J'en ai lu deux, « Le meurtre du lac/Hotel Paradise » et « Le crime de Ben Queen/Cold Flat Junction », mais je fus fort déçu. Alors que ce doit être la quatrième fois environ que je relis « La jetée sous la lune »

17 juillet

Très déçu par ma promenade au parc de Lorient, envahi de joueurs de pétanque du dimanche, de familles, de gens jouant au football avec des ballons d'enfant, ma marche a été gâchée. Ma mère m'avait sapé le moral, me disant qu'il faudrait que je pratique le tapis de course en salle, que ce n'est au parc que je perdrais du poids.

Il y avait bien une forêt sur une colline avoisinante, mais les chemins mènent à des propriétés privées.

L'été amène avec lui des masses de familles et je reviendrai à Lorient à d'autres heures et d'autres jours. Il me faut trouver un autre endroit.

18 juillet

Enfin un signe de vie de l'éditeur Panthéon, qui propose de revenir vers moi une fois les corrections étudiées. Publibook maintient son manque de réactivité devant Amazon. J'hésite pour « La conversation impossible », je crois que l'élément déterminant sera si oui ou non l'ouvrage restera disponible au-delà d'un an (après l'expérience désastreuse Persée en 2014-2015).

La chaleur est revenue. Il faut rattraper le jour de « pont » (15 juillet), ce qui signifie sortir tous les jours à 18h00 cette semaine.

Hier, j'ai découvert un article sur Muriel que je ne connaissais pas, datant de mai 1968 (Télé 7 jours). J'en veux un peu à Daniel C., le collectionneur que j'avais chargé (en lui payant les photocopies) d'examiner ses collections de Télé Poche et Télé 7 jours en 2006. Il en possédait l'intégrale. Comme il n'a jamais eu Internet (Je le connais depuis environ 1994), et qu'il n'a plus le téléphone, je l'ai perdu de vue. Il s'agit du numéro de Télé 7 jours correspondant à la diffusion du « Corso des tireurs », Daniel C. m'a photocopié la présentation de ce téléfilm en zappant complètement l'article sur Muriel ! J'ai acheté le numéro pour 10 euros (hors frais de port), ce qui pour une revue de 1968 est un prix très correct.

Arrivera-t-il un jour où j'aurais tous les articles jamais sortis sur Muriel ? Chronologiquement, lorsque Muriel est l'objet de cet article, en mai 1968, elle va faire face à sa première traversée du désert (la seconde étant définitive). Le vendeur laisse voir en partie l'article et il est indiqué clairement que depuis « Gigi », Muriel n'est pas remontée sur les planches. Au théâtre, entre 1965 et 1969, soit « Gigi » et « Tchao », elle n'a rien fait. « Baba » et « Le nez en trompette », pièces écrites pour elle, ne l'ont jamais vu à l'affiche.

Book on Demands (BOD) a mis (ce que n'a pas fait Publibook) mon livre (la première partie du *Journal 2016* non corrigée) en vente aujourd'hui sur Amazon. L'audience étant tellement confidentielle, je pense que je proposerai la seconde partie (juillet-décembre 2016) de la même façon. Je me suis commandé un exemplaire sur BOD ce qui me donnera une idée de l'ampleur des coquilles que j'ai laissé passer.

Le problème pour les gens qui sont dans ma tranche de gains financiers mensuels est qu'ils ne peuvent pas faire de folie, or se faire éditer à compte d'auteur coûte cher. J'ai depuis 2006 (après avoir contacté et envoyé mon manuscrit à 44 éditeurs) renoncé à trouver un véritable éditeur.

Les prix (à part BOD) font hésiter : que faire publier, que laisser de côté ?

19 juillet

Lorsque j'ai vu Lara Fabian en concert le 4 juin à Lyon, il y avait un espace « merchandising », et j'ai acheté seulement un programme. Jusqu'à ce jour, il était bien précisé que les objets ne pouvaient être achetés que lors des concerts de la tournée.

J'attendais donc de la revoir à Voiron le 8 novembre pour acheter un magnet, un porte-clefs, et peut-être autre chose.

Or, bonne surprise, aujourd'hui, Lara Fabian et la tournée « Ma vie dans la tienne » vendent les objets sur Internet, site que j'ai découvert sur Facebook : j'ai donc immédiatement acheté le magnet, le porte-clefs et quatre photos. Je ne suis pas attiré par les mugs, trop fragiles, ni les T shirt.

Avec les frais de port, je m'en tire à 27 euros cinquante centimes.

Je pensais la chose impossible, n'ayant jamais pu acheter les pin's de la tournée « Je descends du singe » de Marc Lavoine (ne l'ayant pas fait sur place lors du concert en avril 2013).

J'ai reçu le numéro de télé 7 jours de mai 68 avec Muriel que j'ai scanné et mis en ligne sur mon blog. Sur la photo, (malheureusement en noir et blanc), elle est belle comme le jour.

Il est indiqué qu'un certain François Boyer va écrire une pièce pour Muriel, qu'elle n'a jamais jouée. C'est à cette époque qu'elle connut une traversée du désert et failli abandonner le métier.

Renaud Camus est en « panne », depuis deux jours, il n'a pas fait son journal en ligne sur Internet.

Il est bien difficile de sortir tous les soirs du bureau à 18h00 pour rattraper le « pont » de vendredi. Encore quatre heures à regagner.

J'ai réalisé aussi aujourd'hui, avec déplaisir, qu'il me restait trois (et non deux) semaines à travailler avant mes congés annuels.

20 juillet

J'ai signé pour « *Journal 2015* » à la suite d'un mail rassurant de Publibook, qui laisse espérer une issue favorable au référencement sur Amazon et Fnac de « La conversation impossible ». Du moins s'en préoccupe-t-on et me donne-t-on des explications détaillées.

Renaud Camus lui fait deux toutes petites « entrées » pour les dates des 17 et 18 juillet, il semble en pleine déprime. Il a cessé d'être un grand écrivain à force de vouloir faire de la politique, où n'ayant aucun charisme, s'il développe des théories, il se trouve incapable de les propager. La perte d'un éditeur (il n'en a plus), et ce quoi qu'il en dise, lui est fatale. Il a fait le vide total autour de lui. Même Emmanuel Carrère, son confrère écrivain, qui le défendit longtemps, s'est écarté de Renaud Camus. Il faut dire que ledit Camus s'est rapproché du « Bloc Identitaire », encore plus à droite que le Front National.

Le tour de France passe par la Suisse, voilà qui ne laisse pas de m'étonner.

Longtemps, le 20 juillet fut le jour où je pensais à Diana Rigg, dont c'est l'anniversaire. Elle a 78 ans. Mais ces dernières années, je l'ai perdue de vue. Elle fut un temps une Muriel Baptiste de substitution pour moi. Il faut dire que Diana Rigg fin des années 60 avait quelque ressemblance avec Muriel.

J'ai reçu un CD. Aujourd'hui, je les apprécie car ils sont rares, je les achète au compte goutte, je me suis offert « Star Trek into darkness » édition de Luxe (double CD) de Michael Giacchino. J'aime beaucoup la version CD simple.

J'irai voir fin août, à sa sortie, « Star Trek beyond », 3e film du reboot de la franchise au cinéma, troisième également mis en musique par Giacchino, que j'ai précommandé aux Etats-Unis, mais qui n'est pas encore sorti.

Ce seront mes deux seuls CD de l'été. A la rentrée, j'achèterai le cd posthume de James Horner, musique du remake des « Sept mercenaires », mais sans aller voir le film qui ne me dit rien. James Horner va beaucoup manquer à la musique de film. Alan Silvestri et Marco Beltrami ratent une partition sur deux, et n'atteindront jamais son niveau. Michael Giacchino, qui a déjà 48 ans, est « l'avenir ».

Drôle de carrière que ce Giacchino qui doit sa notoriété à la musique... d'un jeu vidéo, « Medal of honor ». Outre les « Star Trek » récents, on lui doit « Super 8 », « John Carter » (que j'ai et qui est devenu rarissime) et « La planète des singes, le commencement ». Il lui reste du chemin à faire pour égaliser Jerry Goldsmith, James Horner, John Williams, John Barry et Ennio Morricone. Là où Hans Zimmer (plus connu et populaire) ne met que des tambours, Giacchino a gardé la tradition d'écrire des mélodies.

22 juillet

Depuis hier, mon livre « La conversation impossible » est en vente sur Amazon, pour de bon cette-fois. Cela fait trois mois que j'attendais cette nouvelle.

J'ai reçu aujourd'hui un livre de Benjamin Rupert, « Trop poulet pour être honnête ». En 1999, la femme de ménage de ma mère (à Montélimar) m'avait offert ce livre, j'avais commencé à le lire (à mon ancien appartement de Valence, en location) et il avait disparu, inexplicablement. Un jour, il devint introuvable. Je me souviens que ma fille, dont j'avais la garde certains jours après ma séparation, était exaspérée que je lui consacre tant d'attention à son détriment, mais quand même, je ne peux concevoir qu'elle l'ait volé et jeté. Quoi qu'il en soit, jusqu'à ce jour, je ne l'avais pas retrouvé, et il est rare sur Internet. J'ai pu en trouver un exemplaire à un prix modique, c'est bien le même livre, mais je l'avais à peine commencé en 1999 et ce n'est pas le livre auquel je pense. Je n'ai pas retrouvé les passages qui m'avaient plu, je dois donc en conclure que je confonds « Trop poulet pour être honnête » avec un livre que l'on m'a seulement prêté. Sans le nom de l'auteur ni le titre, autant chercher une aiguille dans une botte de foin. C'était peut-être un « Brigade mondaine », la collection de Gérard de Villiers, dont il doit exister 150 histoires !

Hier, j'ai voulu reprendre la lecture des « Guerriers du silence » de Pierre Bordage, un ouvrage qui fait plus de 1600 pages, et se découpe en trois parties. Je m'étais arrêté après avoir lu la première, « Les guerriers du silence », mais le problème est que j'ai acheté ce livre en 2011 (enfin, il a été imprimé en 2011). Donc, il est possible que six ans se soit écoulés depuis que j'ai lu le début, et le problème est que cette saga interplanétaire très complexe doit être lue dans sa continuité. Je ne me rappelle absolument rien, une véritable catastrophe ! J'ai beau lire le résumé sur Wikipédia, je n'y retrouve pas mon latin. Comme il n'est pas question que je relise 600 pages, je risque fort en rester là.

Lâché de tous, Renaud Camus vient de déclarer qu'il est incapable de poursuivre son journal en ligne, et d'éditer en livre ce qu'il a écrit, dont son *Journal 2015*. Il s'est fâché avec son webmestre bénévole, David Farreny.

Je regarde depuis hier la série culte « Les envahisseurs » en DVD et j'ai vu sur Internet qu'un auteur a écrit un livre plutôt étrange où il prétend que tout ce qui se passe dans la série a existé, dans la réalité, mais pas de la part d'extra-terrestres. Il invoque un complot de nazis qui se seraient infiltrés aux USA en 1947, auraient conçu des soucoupes volantes identiques à celles de la série. Je me demande si cet homme là possède toute sa raison. Il prétend même que ces nazis « envahisseurs » sont responsables du 11 septembre 2001. Par charité, je ne citerai pas le nom de l'auteur de ce « secret des envahisseurs ».

J'ai eu une pensée pour Sacha Distel aujourd'hui, mort un 22 juillet.

23 juillet

Marche et lecture au programme. Délaissant le trop occupé parc de Lorient, je me suis rendu au bord du Rhône à Guilherand Granges, côté Ardèche, sur le parcours « Les voies bleues » qui va de Guilherand à Cornas. J'ai sans doute trop marché, et n'ai pas trouvé l'endroit aussi intéressant que Lorient.

Ayant oublié le début, j'ai été obligé de reprendre « Les guerriers du silence » à la première page. L'ouvrage en compte 1636. Ce livre mélange horreur et science-fiction, avec ses lézards géants carnivores qui font des menus d'hommes tombant dans la rivière qu'ils habitent. Mais aussi dans un lointain futur, où une constellation de planètes a remplacé la Terre, de terribles robots humanoïdes, les Scaythes, qui veulent remplacer les hommes (ils savent lire dans les pensées). Je soupçonne l'auteur d'être vaguement anticlérical car le despotisme d'une religion, l'église Kreuzienne, joue un rôle crucial dans l'intrigue. Les cardinaux et prélats ont beau appartenir au genre humain, ce sont les pires barbares qui soient, inventant de nouveaux bûchers à combustion lente pour les hérétiques. Ce qui surprend dans cette saga de science-fiction, c'est la prédominance de la religion alors que la science permet de se téléporter d'une planète à l'autre (petit plagiat de « Star Trek »).

Je lisais justement cette après midi les cent premières pages en ayant mis le CD de la musique de « Star Trek into darkness » de Michael Giacchino.

L'auteur part un peu dans toutes les directions : les supplices ordonnés par l'église (kreuzienne) rappellent « Les rois maudits » et une ambiance médiévale, tandis que les Scaythes évoquent « Terminator ». 1636 pages, cela équivaut à trois *journaux* de Renaud Camus.

Ma mère a voulu voir sur la chaîne D8 « Maigret chez le docteur » avec Bruno Crémer, je pense qu'elle préfère nettement cela aux « Envahisseurs ».

Le dernier fabriquant de magnétoscopes arrête la production, j'ai toujours préféré cet appareil au « dvd recorder » infiniment plus complexe à manœuvrer, car conçu et élaboré comme un ordinateur et non comme un enregistreur. Celui que je possède enregistre sur un disque dur, et la gravure sur DVD (support qui lui-même est en train de disparaître, comme la cassette VHS) est une option.

Même si les cassettes se coinçaient parfois dans le magnétoscope, je regrette vraiment cette technologie. Le DVD recorder n'a pas été conçu pour conserver les films sur un support. C'est une option, mais le principe (ce que révèle le terme « disque dur ») est bien celui d'un ordinateur.

Renaud Camus a publié sa page du *journal 2016* d'hier et semble de plus en plus désemparé, en le lisant, de savoir qu'il est incapable de mettre en vente ses nouveaux livres sur son site internet qu'il ne maîtrise pas. Triste fin de carrière.

24 juillet

Les week-ends passent trop vite. Je suis retourné ce dimanche au parc de Lorient assez tard pour éviter les boulistes. Mais ayant un peu trop forcé hier en marchant longuement, je n'ai pas réitéré les efforts et suis resté à peine une heure.

Une recherche sur Internet m'a prouvé qu'il n'y avait pas pléthore de lieux de petites randonnées autour de Valence. « Les voies bleues » sont mentionnées.

Pour éviter les boulistes et les adeptes de chaises longues installées sur le parcours avec table de camping, pastis, merguez, pique nique et je ne sais quoi, il faut, en été, soit se lever tôt, soit y aller assez tard.

La lecture des « Guerriers du silence » se révèle fastidieuse (le livre est beaucoup trop long). Rien ne presse mais je n'ai pas le sentiment d'avancer vite. Quelle idée aussi d'avoir arrêté de lire un ouvrage de 1600 pages au bout de 600 ?

Le tueur de Munich se révèle n'avoir aucun lien avec Daesh, malgré ses origines iraniennes. Il faut vivre désormais au rythme d'un attentat (lié ou non à l'état islamique) par semaine.

25 juillet

A 7h25, j'allume mon PC et en allant sur Facebook, je vois une photo de moi. Interloqué, je clique dessus, c'était un piratage. Très vite, n'ayant plus accès à mon compte, j'ai prévenu ma fille, qui a alerté facebook en indiquant que mon compte était piraté.

Pour l'occasion, j'ai découvert qu'il n'y avait pas de numéro de téléphone de Facebook en France.

Je n'aurais pas dû, en toute logique, cliquer sur ce qui était un piège, mais j'étais mal réveillé. Hier soir, j'ai arrêté de lire « Les guerriers du silence » à 23h35.

A midi, les choses n'étant pas revenues à la normale, j'ai téléphoné au commissariat de police mais cela ne les intéressait pas, pourtant, je me souviens qu'un récent attentat (celui de Munich je crois) avait été initié par une invitation dans un supermarché via facebook.

Les dégâts sont limités, aucun de mes contacts « proches » n'a été contaminé. J'ai sur Facebook 1138 « amis », autant dire que je n'en connais pas le dixième. J'avais fait un tri pour les collègues de travail, et seules deux collègues (avec lesquelles je ne travaille pas mais ai de bonnes relations « bonjour bonsoir ») ont été gardées. J'ai bloqué les gens de mon bureau pour bien séparer vie privée et professionnelle, et parce que cela me gêne que mon admiration pour Muriel Baptiste se propage sur mon lieu de travail, où je n'en parle jamais.

Certains ont dû me virer, je parle des amis inconnus, car le virus qui a bloqué mon compte a été expédié à la vitesse de la lumière (à pile 7h25) à une bonne centaine de personnes (dont le chanteur Dave !)

Sur Facebook, je ne mets jamais d'informations sensibles, uniquement Muriel Baptiste, des pochettes de disques, des choses totalement innocentes.

Ce qui m'a choqué, en allant sur google chercher une solution, c'est le nombre de sites qui proposent de pirater un compte facebook, ce qui est un délit, au lieu de dire comment s'en prémunir.

Facebook est loin d'être mon site préféré, celui que j'affectionne est confidentiel, « Underscores », le site de la musique de film. J'aimais bien le forum souvent évoqué ici de « Chapeau melon et bottes de cuir » mais pour diverses raisons, je m'en suis éloigné. Sinon, je consulte mon courrier (les mails ont remplacé les lettres) et mon compte bancaire.

Je ne passe pas des heures sur facebook, et pour tout dire, j'avais décidé il y a de cela trois ou quatre ans d'en partir et de fermer mon compte, mais ma fille ne lit pas ses mails et nous ne communiquons que par ce biais.

Parmi les sites que Underscores m'incite à regarder, il y a Intrada, Varese Sarabande et La la land records, les trois labels majeurs de la musique de films aux Etats-Unis. Ce sont des sites marchands.

Finalement, plus de peur que de mal, je me disais que perdre mon compte facebook était une chose dérisoire qui ne valait pas la peine de trop s'en soucier, et qu'un jour peut-être, j'aurais des raisons bien plus importantes d'angoisser, notamment face à la maladie.

J'ai profité de l'occasion pour faire des analyses anti-virus et logiciels espions sur mon ordinateur portable. Le résultat est net et sans traces d'infection.

Renaud Camus a retrouvé son sauveur et sort en version papier, via Lulu, son *journal* 2015.

26 Juillet

Ce matin, impossible de me connecter sur mon compte Facebook dont il a fallu que je change à nouveau le mot de passe !

Le pirate ne peut logiquement plus avoir accès à mon compte et se faire envoyer le mot de passe, cette après midi, disposant de plusieurs adresses mail, j'en ai mise une autre pour mon compte Facebook.

Au comité d'entreprise de ma boîte, il a fallu que je porte mon ordinateur personnel (pas le dernier, l'ACER). En effet, la CFDT a décidé de ne plus communiquer le flash info après les réunions aux élus de la CGT. Ils m'avaient donné le vieil ordinateur portable du CHSCT, mais à la précédente réunion, il a rendu l'âme. J'ai demandé à mon syndicat (la CGT donc) d'en acheter un, qui restera sous clés au local syndical. Pris par le temps, j'ai bien voulu utiliser mon ACER ce mois de juillet, mais s'ils n'en achètent pas, je ne renouvellerai pas la chose en septembre (en août je suis en congé).

Avec les téléphones portables, on est partout informés, enfin pas avec le mien qui ne me sert que de la fonction téléphone, mais d'autres élus – sur leur portable – ont Internet et j'ai appris qu'il y avait encore eu un attentat, avec un prêtre égorgé cette fois-ci.

Il ne faut pas faire d'amalgame, mais combien de temps le peuple va-t-il avaler ce discours angélique ?

François Hollande ne semble plus croire à ce qu'il déclare. Chacun y va de sa déclaration : Manuel Valls, François Bayrou, Nicolas Sarkozy. Tous sont dépassés et ne me rassurent pas, ne font plus illusion face aux caméras : on se croit dans un mauvais roman (ou film) de science-fiction.

28 juillet

J'ai rêvé cette nuit du chanteur italien Alan Sorrenti qui fut mon chanteur préféré à compter de mon voyage à Rome en septembre 1980, revenant avec dans mes bagages sa discographie complète d'alors (sept albums).

Alan est resté mon préféré jusqu'à la fin des années 90, une fidélité étonnante car sa carrière fut brisée en mai 1983. Il fut enfermé (accusé de trafic de drogue par son épouse) à la terrible prison de Rebibbia à Rome.

Ce chanteur était au sommet des hit parades l'été 1980 avec un morceau qui l'avait mené septième au concours Eurovision de la chanson, « Non so che darei ». Un slow, mais Alan était célèbre pour le tube disco « Figli delle stelle » de 1977. Carrère avait en France publié ses trois albums disco « Figli delle stelle » (1977), « LA and NY » (1979) et « Di notte » (1980).

Après 33 jours de prison, Alan Sorrenti sort et n'est pas condamné, mais sa carrière est terminée. Son épouse américaine l'avait surpris avec une fille dans leur maison de Morlupo, et folle de rage avait attaqué le couple illégitime avec une batte de base ball, se retrouvant en prison. Accusée de tentative de meurtre, elle fut emprisonnée mais lança alors aux carabineri que son mari faisait du trafic de drogue. La découverte de cocaïne et de marijuana au domicile entraînèrent Sorrenti en prison, chose que le public italien ne pardonna jamais.

Après son triomphe de 1980, Sorrenti avait pourtant connu un nouveau tube, « La strada bruccia » l'été 1981, puis sorti un huitième album fin 82, « Angeli di strada ». Il faudra attendre des années pour qu'il refasse un disque, en l'occurrence en 1987, le peu inspiré « Bono Soku Bodaï », album sans tubes. Mais le public l'avait oublié.

Depuis, il a fait des compilations, puis un album uniquement disponible sur Internet, et en 2016 continue de se produire dans les discothèques avec des vieux tubes.

Contrairement au grand public, ce n'est pas sa période disco que je prise, et le « Figli delle stelle » remixé à toutes les sauces, mais les albums « Di notte » et surtout « Angeli di strada ». Ce chanteur, par son absence médiatique et discographique, a fini par me lasser. Je l'aime toujours, mais pour donner une idée de sa gloire, à l'été 1980 à Rome, il avait le succès d'un Renato Zero, Umberto Tozzi, Miguel Bosé (triomphateurs de cette époque là). Soit des milliers (millions ?) de disques vendus.

En 1989, j'étais en vacances à Civitavecchia et je me suis rendu à Morlupo, je n'ai pas osé à le déranger, un habitant m'a montré qu'il y avait une Citroën Dyane devant sa maison (en réalité une 2 cv). Une déchéance à croire que je porte malheur aux gens que j'aime, comme Muriel Baptiste.

Sur le blog de cette dernière aujourd'hui, un lecteur (les gens lisent le blog gratuit mais n'achètent pas mes livres) me signale puis me scanne un article de 1966, de Télé 7 jours, pendant le tournage de « La princesse du rail », où il est indiqué qu'elle a signé un contrat à Hollywood pour tourner avec George Hamilton, que l'on ne présente plus, et Claudine Auger, la première James Bond girl française (« Opération tonnerre », 1965). Muriel parlait anglais, elle a quand même torpillé sa carrière quand on songe aux propositions qu'elle a eu.

J'en veux à Muriel post mortem d'avoir eu un amant plus jeune que moi, un homme dont elle aurait pu être la mère. Ma passion a été écornée par cette révélation sur laquelle je ne m'attarderai pas. J'y fais une allusion détournée dans mon livre « La conversation impossible » sorti en avril et dont il semble que je n'ai pas vendu un seul exemplaire ! J'en ai en revanche un stock à vendre.

Cette jalousie me passera, je souhaite tant le jour de ma mort la retrouver dans un au-delà, un ailleurs, une autre dimension, au Paradis où je ne sais où, même si je sais qu'il y a bien plus de chances que je la rejoigne dans le néant.

Je ne voudrais pas rester après ces propos doux amers sur une ambigüité : Muriel je t'aime, je t'aimerai toujours, tu es la femme de ma vie, de mon éternité. Mais bon, cette histoire que tu as eue est un peu dure à avaler. Je n'en parle qu'ici, ce *journal* ayant une vocation à rester confidentiel. Déjà que les livres que je veux vendre ne se vendent pas, j'ai peu de craintes que le *journal* me cause des ennuis.

Muriel, je t'aime, comment pourrait-il en être autrement, après plus de quarante ans d'amour ?

Allez, je le redis encore une fois, si quelque part tu m'entends, je t'aime.

30 juillet

Chaleur étouffante, je n'ai pas mis le nez dehors. Je comptais faire la grasse matinée, mais ce fut peine perdue, le facteur sonnant et m'apportant à 8h un colis (sans signature) qui rentrait largement dans la boîte aux lettres, l'édition Lulu du *journal 2015* de Renaud Camus, qui est allé rejoindre la série commencée en 2002 dans ma bibliothèque (en fait le *Journal* 2002 fut publié avec plusieurs années de retard, Fayard ayant ensuite rattrapé le retard en publiant jusqu'à trois *journaux* par an).

Mon *journal* 2015 est depuis hier sur le site Publibook dans les nouveautés, mais il est impossible de le commander. Soit c'est trop tôt, soit le site a un dysfonctionnement.

Je lis l'interminable *Les guerriers du silence* de Pierre Bordage. J'en suis à la page 300 sur 1600. En le lisant, j'ai écouté deux partitions de Michael Giacchino *John Carter* et *Star Trek into darkness*.

Je n'arrive pas à réaliser que dimanche prochain, je serai à Paris pour ma visite annuelle sur la tombe de Muriel. J'y serais accompagné normalement par X qui viendra me chercher à la gare et me fera faire une petite visite d'endroits qui étaient familiers de Muriel.

Au bureau, je dois défendre un militant CGT dans une affaire bien embêtante de harcèlement moral où l'inspection du travail et saisie. Le collègue risque une mise à pied en attendant la fin de l'enquête.

Mauvaise nouvelle avec cette chaleur : la colonne ventilateur donne des signes de faiblesse, la rotation ne se fait plus. Il faut dire que ce ventilateur a beaucoup servi depuis la canicule de 2003. Il se bloque : il va falloir sans doute le changer.

31 juillet

Après une nuit de cauchemars (pas étonnant quand on lit le soir « Les guerriers du silence »), je me fais du souci en pensant à dimanche prochain à Paris. X sera-t-il au rendez vous ? S'il ne l'est pas, je prendrais un taxi pour Pantin, j'ai l'habitude. Mais la question de la météo, quand on va au cimetière de Pantin, se pose à chaque fois (puisque j'y vais en été, habituellement en juillet). Il faut prévoir la pluie, la canicule, le froid, la chaleur, pour une seule journée.

Il m'est arrivé en juillet (depuis 2006) d'aller me recueillir sur la tombe avec un polo noué à la taille. Et même d'avoir un K Way en prévision, car les orages, comme partout, surviennent.

Je ne peux contacter X qui m'a dit être à cent kilomètres de Paris, sans téléphone fixe, sans Internet, et donc seulement avec son téléphone portable.

Il va me falloir une confirmation dans la semaine, le joindre pour savoir s'il est toujours d'accord. S'il ne l'est pas, on perdra l'unique occasion de se rencontrer.

Les syndicats se plaignent des magasins ouverts le dimanche, mais à Valence, il n'y en a aucun. Je serais bien allé quérir un ventilateur à colonne oscillante.

Pour « Le monde des Avengers », j'ai chroniqué aujourd'hui un épisode absolument ennuyeux de la série « Opération vol » avec Robert Wagner. Je n'ai vraiment plus du tout envie de m'y consacrer. C'est chronophage, et j'ai constaté que la série la moins consultée, dernière au classement, est « University Hospital » que j'ai eu tant de cœur à faire (et pas loin devant, avec peu de lecteurs, la série policière britannique « Wycliffe »). À la suite de l'échec de ces chroniques, je me suis démotivé, d'autant plus que pour les séries où je m'étais porté volontaire pour rendre service au site, comme « L'homme de fer », le partenariat avec la société éditrice, qui a longtemps bien fonctionné, ne marche plus. On ne m'envoie plus les DVD gratuitement, ou alors pas les bons. En demandant la saison 3 du « Virginien », on m'a adressé l'intégrale des saisons 1 et 2 réparties en six coffrets que j'avais déjà fait.

Ce soir, comme chaque dimanche, soirée Muriel en DVD, et la semaine prochaine, journée Muriel pour inaugurer mes vacances.

1er août

Il se révèle impossible, à cause d'un bug, de commander mon *journal 2015* sur le site de Publibook. J'ai été obligé de le signaler à leur direction.

Au courrier, de Books on demand, je reçois le *journal 2016* première partie. Voilà qui me changera ce soir des « guerriers du silence ».

Je pense renoncer à Publibook pour mes futurs ouvrages. Je note qu'un biographe vient de publier un livre sur Bernard Noël (le premier « Vidocq ») assez imposant, plus de 300 pages, chez Books on demand. L'ennui, c'est l'absence de correcteur orthographique.

J'ai eu les plus grandes peines du monde à trouver un ventilateur colonne avec oscillation, la saison est bien commencée, et les magasins n'en ont plus. J'ai quand même pu en trouver un de justesse, le tout dernier, dans un supermarché.

Dimanche, sur TF1, à « Reportages », il y avait une émission hommage à Coluche, mais la question de sa mort, de son potentiel assassinat, n'a pas été évoquée. En parcourant le net, on trouve des documents troublants. Mais si l'on écoute toutes les rumeurs, Daniel Balavoine lui aussi a été assassiné. On y perd un peu son latin. Mitterrand se serait débarrassé de tous les opportuns,

Jean-Edern Hallier notamment. Et à force de trop en dire, en révélations sensationnelles, on finit par ne plus rien croire du tout. François Mitterrand n'était pas Joseph Staline tout de même !

Je regarde ce soir (car il n'y a rien à la télé) « Les envahisseurs » en DVD (l'épisode « L'étau »). Malgré les années, je trouve que cette série a très bien vieilli.

« L'étau » est un épisode que je ne risque pas d'oublier car j'en fus privé lors de la première diffusion en février 1972. Mes parents, la semaine auparavant, n'avaient pas trouvé naturelle la peur que m'inspirait la série, l'épisode effrayant en question étant « Embargo sur le rêve ». Je fus aussi privé pour d'autres raisons de la deuxième diffusion en octobre 1973 de « A l'aube du dernier jour », m'étant fait inscrire au club de judo et la série passant à cette heure là le samedi après-midi. Il est étrange comme ces programmes dont j'ai été privé dans mon enfance m'ont profondément marqué. Alors que si je fais un bilan honnête, j'ai vu bien plus de choses que je n'en ai manquées.

La chaleur ce soir est retombée et comble de l'ironie, j'ai dû arrêter le ventilateur.

2 août

Hier soir, j'ai cru prendre une attaque. J'ai voulu lire la prose de ce journal par le biais d'une édition personnelle Books on Demand. C'est bourré de fautes. Je pense plus vite que j'écris, c'est une véritable catastrophe. Des fautes graves « essayais » au lieu de « essayé », l'absence d'article avant le mot « décennies », des dizaines de fautes de syntaxe, de grammaire, des omissions à la pelle. Je me comprends, mais j'ai livré un véritable torchon, comme quelqu'un qui ne saurait pas écrire.

Je pense que je me « mets » au *journal* trop tard le soir, sans avoir le temps de me relire, ce que j'aurais été bien inspiré de faire avant de faire un tirage Books on Demand de janvier à mai qui relève de la Bérézina.

Je vais désormais surveiller attentivement mon écriture. Les omissions constituent la chose la plus pénible, on comprend ce que j'ai voulu dire, mais j'ai tapé trop vite. J'ai révisé 91 pages ce soir, mais j'en suis à 243.

Il faut impérativement que j'obtienne la destruction de ce monument de honte que constitue de ce *journal* partiel de janvier à juin 2016 chez Books on demand. On dirait que cela a été écrit par un enfant de dix ans ! Je vais leur proposer un janvier juillet en remplacement. Heureusement que je ne chronique plus les séries pour « Le monde des Avengers », sinon l'entreprise serait impossible.

Renaud Camus en s'obligeant à écrire quotidiennement a l'autre jour mis un « er » là où il fallait mettre un « è », lui qui manie les imparfaits du subjectif et les mots précieux du langage de l'aristocratie n'est pas à l'abri des fautes de français les plus inélégantes.

Cela fait froid dans le dos. On se croit doué en écriture et tout d'un coup l'écriture vous domine.

La plupart des fautes étaient évitables, il suffisait de se relire, ce que je n'ai sans doute pas fait. Ecrire « depuis décennies » au lieu de « depuis des décennies » est une étourderie.

« Essayez » pour parler d'un médicament que le psy m'a donné, dans le sens « il a essayé » est impardonnable. C'est la faute bête, idiote, qui montre que j'ai voulu vite passer à autre chose.

Je regarde ce soir le dernier épisode de « Grantchester » avec le successeur probable de Daniel Craig en *James Bond*, Daniel Norton, juste pour voir la bobine du comédien qui effectivement est beaucoup plus « RogerMooresque » que Craig (à la limite, Norton qui a le tort de porter le nom d'un antivirus Internet pourrait aussi jouer *le Saint*, Simon Templar).

J'ai pris ce soir une grande leçon de modestie. Le comble est que je ne puisse prendre de l'avance sur le *journal* ! En effet, il dépend de l'actualité.

Publibook m'a envoyé un mail, pour l'instant la vente de mon journal 2015 est impossible car ils n'ont pas intégré dans leur site de vente le poids du livre, qui donne le prix de l'expédition.

Ce qui est dommage, c'est qu'aussi bien, ce James Norton, favori des bookmakers britanniques ne sera jamais le successeur de Daniel Craig. Il y a tellement de prétendants au titre de nouveau 007 que forcément il y aura un élu au détriment de moult appelés.

Dans le passé, j'avais mes préférences, quand Roger Moore voulait raccrocher, Ian Ogilvy (son successeur en 1977 dans le rôle du Saint), puis Pierce Brosnan, mais bien avant qu'il ne soit choisi. Ces beaux gosses constituaient pour moi d'excellents choix. Et l'on a vu apparaître des interprètes saugrenus, comme Timothy Dalton et Daniel Craig, après avoir longtemps pensé... à Mel Gibson !

Le plus ironique de l'histoire est que le sieur Craig est peut-être en train de faire monter les enchères et tournera peut être un cinquième *James Bond*, enterrant complètement la franchise qu'il a bien mis à mal. Tout le monde a envie d'être Roger Moore, Sean Connery ou Pierce Brosnan, mais quel homme (à part pour ses muscles) aurait pour idéal d'être Daniel Craig ? Je rappelle que pour l'auteur créateur Ian Fleming, James Bond était l'homme que tous les spectateurs auraient rêvé d'être.

Tout cela ne m'empêche pas de penser beaucoup à Muriel, sur la tombe de laquelle dimanche j'irai me recueillir.

Nous sommes le 2 août et j'ai une pensée pour Michel Berger, comme chaque année depuis 1992.

3 août

En sortant du bureau, j'ai passé des heures à corriger mon journal 2016 que j'espère expurger des fautes les plus évidentes. Sans correcteur, il en reste sans doute. Je fais le fanfaron, mais je proposerai probablement début 2017 le *journal* à Publibook, dont le correcteur trouvera d'autres coquilles et fautes de syntaxe. Mais désormais, je fais très attention, j'écris moins, je me surveille, je me relis.

Je dois avouer que cette nuit, dans les bras de Morphée, je n'avais pas envie de me lever. J'ai en effet, une fois de plus rêvé de ma chère Muriel. La vie est plus belle en rêve qu'en réalité.

Cela me rappelle un passage du James Bond « Le monde ne suffit pas ». Les personnages de Sophie Marceau et de Robert Carlyle disent la même devise, qui les trahit aux yeux de l'agent double zéro sept. « La vie ne vaut pas d'être vécue si on ne la vit pas comme un rêve ». Les deux personnages joués par Marceau et Carlyle prononcent en effet la même (très belle) phrase, que je reprends à compte vis-à-vis de ma passion pour Muriel Baptiste.

« La vie ne vaut pas d'être vécue si on ne la vit pas comme un rêve ». Quelle belle citation. Cela ressemble un peu à du Proust « Il vaut mieux rêver sa vie que la vivre, encore que la vivre ce soit encore la rêver ».

Je perds mes repères parfois, entre rêve et réalité, entre 1973 et 2016, entre l'enfant que j'étais perdu à jamais et l'homme mûr que je suis devenu.

J'étais mieux cette nuit dans mon rêve avec Muriel Baptiste que dans la vraie vie. En anglais, pour le Bond, « There's no point in living if you can't feel alive". Il n'y a aucun intérêt à vivre si vous ne vous sentez pas vivant".